HEINRICH AUGUST WINKLER

Streitfragen
der deutschen
Geschichte

HEINRICH AUGUST WINKLER

Streitfragen der deutschen Geschichte

Essays zum
19. und 20. Jahrhundert

VERLAG C. H. BECK MÜNCHEN

Die deutsche Bibliothek – CIP-Einheitsaufnahme

Winkler, Heinrich August:
Streitfragen der deutschen Geschichte : Essays zum
19. und 20. Jahrhundert / Heinrich August Winkler. –
München : Beck, 1997
  ISBN 3-406-42784-7

ISBN 3 406 42784 7

© C. H. Beck'sche Verlagsbuchhandlung (Oscar Beck), München 1997
Gesamtherstellung: Freiburger Graphische Betriebe, Freiburg
Gedruckt auf säurefreiem, alterungsbeständigem Papier
(hergestellt aus chlorfrei gebleichtem Zellstoff)
Printed in Germany

INHALT

Einleitung 7

1. Die unwiederholbare Revolution.
   Über einen Fehlschluß von Marx und seine Folgen   9

2. Demokratie und Nation in der deutschen
   Geschichte 31

3. Vom Kaiserreich zur Republik.
   Der historische Ort der Revolution von 1918/19 . 52

4. Von Weimar zu Hitler.
   Die gespaltene Arbeiterbewegung und das
   Scheitern der ersten deutschen Demokratie 71

5. Kurt Schumacher und die nationale Frage 93

6. Kein Bruch mit Lenin.
   Die Weimarer Republik im Geschichtsbild von
   SED und PDS 107

7. Abschied von den Sonderwegen.
   Die Deutschen vor und nach der Wiedervereinigung 123

Anhang

Anmerkungen 151

Drucknachweise 165

Personenregister 167

EINLEITUNG

Die Fluchtpunkte historischer Betrachtung ändern sich. In den Jahrzehnten nach dem Zweiten Weltkrieg war für die deutsche Geschichtswissenschaft «1945» ein solcher Fluchtpunkt. Die Frage, wie es zur «deutschen Katastrophe», der Herrschaft des Nationalsozialismus, kommen konnte, beherrschte den Diskurs nicht nur über das 19. und 20. Jahrhundert, sondern zeitweise auch über frühere Epochen: vom Absolutismus über die Reformation bis zurück ins Mittelalter. Die Denkfigur des «deutschen Sonderweges», der historischen Abweichung Deutschlands von den Entwicklungspfaden der westlichen Demokratien, blieb umstritten. Aber wer nach 1945 von einem «deutschen Sonderweg» sprach, meinte damit etwas anderes als die Verfechter der These eines besonderen «deutschen Weges» in den Jahren von 1914 bis 1945. Verkürzt gesagt: Vor 1945 wurde die Absage an die westliche Demokratie von deutschen Intellektuellen überwiegend verteidigt, danach wurde sie kritisiert.

1945 schien das Ende des «deutschen Sonderwegs» gekommen. Eine Auflehnung gegen die westliche Demokratie wie nach 1918 hat es in der Tat nach dem «Zusammenbruch» des Nationalsozialismus nicht mehr gegeben, sondern, im Westen Deutschlands, das Gegenteil: eine umfassende Öffnung gegenüber der politischen Kultur der westlichen Demokratie. Der antiwestliche Sonderweg des Deutschen Reiches *war* an sein Ende gelangt.

Mittlerweile gibt es einen neuen Fluchtpunkt für Betrachtungen zur deutschen Geschichte: die welthistorische Epochenwende von 1989/91, in deren Verlauf Deutschland seine staatliche Einheit wiedergewann. Im Rückblick wird uns nun deutlicher als zuvor, daß es auch nach 1945 noch einen deutschen Sonderweg gab – genauer gesagt: zwei. Die alte Bundesrepublik verstand sich zunehmend als ein «*postnationales*» Gemeinwesen, das sich durch ebendieses Merkmal von den Nationalstaaten des Westens unterschied. Für die DDR bedeutete die Formel vom proletarischen oder sozialistischen *Internationalismus* sehr viel mehr als für sozialistische Nationalstaaten wie Polen und Ungarn: Sie war ein auf geradezu existentielle Weise ideologischer Staat und konnte, da ihr die nationale Identität fehlte, nichts anderes sein.

Diese beiden Sonderwege – der eine ein Lebensgefühl, der andere eine bloße Staatsdoktrin – sind seit 1990 zum Anachronismus geworden. Aber sie wirken bis heute nach. Schon deshalb bedürfen sie der historischen Aufarbeitung. Die Wiedervereinigung enthält auch noch eine andere Herausforderung an die Geschichtswissenschaft. *Beide* deutsche Diktaturen, die nationalsozialistische wie die kommunistische, haben eine lange Vorgeschichte. Seit beide der Vergangenheit angehören, kommen die Historiker nicht mehr darum herum, den tieferen Ursachen der zweiten deutschen Diktatur ebenso kritisch nachzugehen, wie sie es, spätestens seit den sechziger Jahren, im Hinblick auf die erste getan haben.

Die Aufsätze, die in diesem Band vereinigt sind, tun ein paar Schritte in dieser Richtung. Es sind Essays, die sich nicht nur an Historiker, sondern an alle wenden, die sich für Geschichte interessieren. Den wissenschaftlichen Apparat habe ich deshalb auf das Allernotwendigste, meist nur den Nachweis von Zitaten, beschränkt. Ein paar Schlüsselzitate tauchen mehr als einmal auf, ebenso einige Argumente, an denen mir besonders liegt. Die Aufsätze, in der Mehrzahl ursprünglich Vorträge, behandeln allesamt Streitfragen. Den Streit beizulegen, ist nicht der Zweck dieses Bandes, wohl aber deutlich zu machen, *was* da noch immer umstritten ist – und *warum*.

Berlin, im Frühjahr 1997   *Heinrich August Winkler*

I.

DIE UNWIEDERHOLBARE REVOLUTION

Über einen Fehlschluß von Marx und seine Folgen

Den archimedischen Punkt des Denkens von Marx und Engels zu bestimmen fällt nicht schwer. Schließlich haben beide Autoren an ihrem übergeordneten Erkenntnisinteresse nie einen Zweifel gelassen: Es ist die Begründung der historischen Notwendigkeit der proletarischen Revolution, in der sie die letzte Revolution und damit die Vollendung der Geschichte sahen. Um die historische Beweisführung von Marx und Engels geht es mir im folgenden. Im Mittelpunkt steht dabei ihr Kernargument: der Rückschluß von der bürgerlichen auf die proletarische Revolution, der ihr Werk wie ein cantus firmus durchzieht. Daß dieser Rückschluß welthistorische Folgen hatte, liegt ebenso offen zutage wie das schließliche Scheitern der ersten Revolution, die sich auf Marx und Engels berief: der russischen Oktoberrevolution von 1917.

Die Analogie, von der Marx und Engels ausgingen, ist, wie ich zu zeigen versuche, in hohem Maße anfechtbar. Die Frage, auf die ich eine Antwort geben möchte, drängt sich also förmlich auf: Gibt es einen Zusammenhang zwischen dem grundlegenden historischen Rückschluß der Begründer des «Wissenschaftlichen Sozialismus» und dem Zusammenbruch des Systems, das vorgab, ihre Lehre zu verwirklichen? Ich nähere mich der Antwort, einer dialektischen Faustregel folgend, in drei Schritten. Erstens erörtere ich das analoge Verhältnis von bürgerlicher und proletarischer Revolution, so wie es sich Marx und Engels darstellte. Zweitens befasse ich mich mit der Stichhaltigkeit ihrer Beweisführung. Drittens frage ich nach den Folgen ihres historischen Analogieschlusses.

I.

Einen Rückschluß von der bürgerlichen auf die proletarische Revolution finden wir bei Marx erstmals 1843/44 in der Einleitung zur Kritik der Hegelschen Rechtsphilosophie. Es ist der «Anachronismus» der deutschen Verhältnisse, der den Autor zu einem Vergleich mit der Situation Frankreichs am Vorabend der Revolution von 1789 veranlaßt: «Wenn ich die deutschen Zustände von 1843 verneine, stehe ich, nach französischer Zeitrechnung, kaum im Jahre 1789, noch weniger im Brennpunkt der Gegenwart.» Die deutsche Rückständigkeit ist so radikal, daß sie nur durch eine radikale Revolution überwunden werden kann – eine Revolution, die so gründlich ist, daß die Emanzipation des Deutschen mit der Emanzipation des Menschen zusammenfällt. «Der *Kopf* dieser Emanzipation ist die *Philosophie*, ihr *Herz* das *Proletariat*.» Die Rolle der Philosophie ist durch die deutsche Geschichte vorgegeben. «Deutschlands *revolutionäre* Vergangenheit ist nämlich theoretisch, es ist die *Reformation*. Wie damals der *Mönch*, so ist es jetzt der *Philosoph*, in dessen Hirn die Revolution beginnt.»[1] Der Philosoph, der Luthers Platz einnehmen und zugleich Luther überwinden wird, hat einen Namen: Karl Marx.

Was Marx hier vorträgt, wirkt wie eine moderne Abwandlung der mittelalterlichen Lehre von der «translatio imperii»: So wie dieser Doktrin zufolge das römische Kaisertum im Jahre 800 nach Christus von den Griechen auf die Franken oder Deutschen, also in ost-westlicher Richtung, übertragen wurde, so jetzt die Revolution von West nach Ost, von den Franzosen auf die Deutschen, wobei sich freilich der Charakter der Revolution ändert. Die Franzosen haben 1789 die klassische bürgerliche Revolution hervorgebracht. Wenn der «gallische Hahn» erneut schmettert, wird er, da sich die Gesellschaft inzwischen weiterentwickelt hat, eine andere Revolution ankündigen: die proletarische. Sie wird in Frankreich ihren Ausgang nehmen, aber die Ent-

1. Die unwiederholbare Revolution

scheidungsschlacht findet in Deutschland statt. Hier kann, weil die Verhältnisse so rückständig sind, die bürgerliche Revolution «nur das unmittelbare Vorspiel einer proletarischen Revolution sein».[2] So formulierten es Marx und Engels zwar erst um die Jahreswende 1847/48 im «Manifest der Kommunistischen Partei», aber sie wiederholten damit nur die Pointe der Einleitung zur Kritik der Hegelschen Rechtsphilosophie.

Wer von einer vergangenen auf eine künftige Revolution schließt, geht davon aus, daß sich bestimmte Elemente der ersteren verallgemeinern lassen. Marx tat das schon 1843/44 und entwickelte damit Ansätze zu einer historischen Theorie der Revolution. «Nur im Namen der allgemeinen Rechte der Gesellschaft kann eine besondere Klasse sich die allgemeine Herrschaft vindizieren», heißt es im zuletzt genannten Text. «Damit ein Stand *par excellence* der Stand der Befreiung, dazu muß umgekehrt ein anderer Stand der offenbare Stand der Unterjochung sein. Die negativ-allgemeine Bedeutung des französischen Adels und der französischen Klerisei bedingte die positiv-allgemeine Bedeutung der zunächst angrenzenden und entgegengesetzten Klasse der Bourgeoisie.»

Im rückständigen Deutschland aber, das «die Mittelstufen der politischen Emanzipation nicht gleichzeitig mit den modernen Völkern erklettert» hatte, konnte die Bourgeoisie schon deswegen nicht zum negativen Repräsentanten der Gesellschaft gegenüber dem Ancien régime werden, weil es ihr an der erforderlichen revolutionären Kühnheit fehlte. Die entscheidende Rolle fiel daher dem Proletariat als der radikalen Negation des Status quo zu. Damit die Negation praktisch werden konnte, bedurfte das Proletariat jedoch der theoretischen Anleitung durch «den Philosophen». Vereint würden sie alles sein – so wie 1789 in Frankreich der Dritte Stand gegenüber Adel und Klerus alles gewesen war.[3]

Dem Alles korrespondiert notwendigerweise ein Nichts. Damit der Dritte Stand in Frankreich alles, nämlich die

1. Die unwiederholbare Revolution

Macht im Staat, für sich fordern konnte, mußte er darlegen, daß die privilegierten Stände nichts mehr vorzuweisen hatten, was ihre Vorrechte hätte rechtfertigen können. Die Wirklichkeit stützte die bürgerliche Kritik: Adel und hoher Klerus übten um 1789 keine gesellschaftlich notwendigen Funktionen mehr aus; sie waren funktionslos, also überflüssig geworden, und ebendies machte ihre Privilegien zum gesellschaftlichen Ärgernis. Das Mißverhältnis zwischen Bevorrechtung und Leistung der oberen Stände legitimierte den revolutionären Anspruch des Dritten Standes, der in dem Maß zum allgemeinen Stand wurde, wie er die Sache der nichtprivilegierten Teile der Gesellschaft zu seiner eigenen erklärte.

Die zentrale Annahme von Marx und Engels war nun, daß diese Konstellation nicht etwa historisch singulär, sondern mutatis mutandis wiederholbar war. «Die Bourgeoisie wird und muß vor dem Proletariat ebenso zu Boden sinken, wie die Aristokratie und das unbeschränkte Königtum von der Mittelklasse den Todesstoß erhalten hat», postulierte Engels im Juni 1847.[4] Die ökonomische Begründung dieser These lieferten Marx und Engels wenig später im Kommunistischen Manifest. So wie früher die feudalen Produktionsverhältnisse zu Fesseln der kapitalistischen Produktivkräfte geworden seien, so jetzt die kapitalistischen Produktionsverhältnisse zu Fesseln der modernen Produktivkräfte. Daraus folgte: «Die Waffen, womit die Bourgeoisie den Feudalismus zu Boden geschlagen hat, richten sich jetzt gegen die Bourgeoisie selbst.»

Wer die Waffen führen würde, stand für die Autoren fest: die Proletarier, die einzige «revolutionäre Klasse» und die «selbständige Bewegung der ungeheuren Mehrzahl im Interesse der ungeheuren Mehrzahl». Das revolutionäre Proletariat konnte der Bourgeoisie als stärkstes Argument die periodischen Handelskrisen vorhalten, die immer drohender «die Existenz der ganzen bürgerlichen Gesellschaft in Frage stellen» und zur fortschreitenden Pauperisierung der

1. Die unwiederholbare Revolution 13

Proletarier führen. «Es tritt hiermit offen hervor, daß die Bourgeoisie unfähig ist, noch länger die herrschende Klasse der Gesellschaft zu bleiben und die Lebensbedingungen ihrer Klasse der Gesellschaft als regelndes Gesetz aufzuzwingen... Die Gesellschaft kann nicht mehr unter ihr leben, d. h. ihr Leben ist nicht mehr verträglich mit der Gesellschaft.»[5]

Die Revolution, die im Februar 1848, unmittelbar nach der Veröffentlichung des Kommunistischen Manifests, in Paris ausbrach und rasch weite Teile des europäischen Kontinents erfaßte, verlief bekanntlich anders als von Marx und Engels erwartet. In Frankreich selbst wurde ein Aufstand der hauptstädtischen Arbeiter im Juni mit militärischer Gewalt niedergeworfen und ein halbes Jahr später, im Dezember 1848, Louis Napoleon, für Marx und Engels die Inkarnation der Konterrevolution in der Form des Militärdespotismus, zum Präsidenten der Republik gewählt. In den Staaten des Deutschen Bundes triumphierten die alten Gewalten ebenso wie in Italien und Ungarn. Das deutsche Bürgertum zog in seiner Mehrheit die friedliche Verständigung mit den Monarchen der revolutionären Konfrontation vor, und die deutschen Arbeiter dachten nicht daran, sich der Führung von Marx und Engels zu unterstellen.

Den Autoren des Kommunistischen Manifests blieb nur die Erkenntnis, daß im Europa von 1848 die materiellen Bedingungen für die Beseitigung der kapitalistischen Produktionsweise noch nicht reif waren. An ihrer Überzeugung, daß der historische Prozeß mit Notwendigkeit auf die Revolution des Proletariats hinauslief, änderte sich durch die Erfahrung von 1848 nichts. Doch so wie die «Parusieverzögerung», das Ausbleiben des sehnlich erwarteten Gottesreiches, der frühen Christenheit theologische Begründungen abgenötigt hatte, so sahen sich Marx und Engels nun gezwungen, theoretische Erklärungen dafür beizubringen, daß die von ihnen vorhergesagte Revolution auf sich warten ließ.

Das Denken in historischen Analogien leistete dabei gute Dienste. Es half sogar, mit der mehr als zwanzigjährigen

Herrschaft des Mannes fertig zu werden, den es theoretisch gar nicht hätte geben dürfen: Louis Napoleon. Engels sah 1852 das Geheimnis des bonapartistischen Erfolgs darin, daß die «mit seinem Namen verhafteten Traditionen Louis-Napoleon in die Lage versetzt haben, momentan das *Gleichgewicht zwischen den um die Macht kämpfenden Klassen der französischen Gesellschaft*», also Bourgeoisie und Proletariat, zu wahren.[6] Ein solches «Gleichgewicht» der Klassen war zumindest für Engels historisch nichts Neues. Schon 1847 hatte er die absolute Monarchie aus einem prekären Gleichgewicht zwischen Bourgeoisie und Adel zu erklären versucht.[7] Marx sprach mit Blick auf den Bonapartismus zwar nicht von einem «Gleichgewicht» von Proletariat und Bourgeoisie, aber doch von «verselbständigter Macht der Exekutivgewalt»[8] – einem Phänomen, das auch er zuvor schon im Absolutismus beobachtet hatte.[9] 1871 deutete Marx den Staatsstreich Louis Napoleons vom 2. Dezember 1851, den «achtzehnten Brumaire des Louis Bonaparte», als Ausdruck einer Situation, «wo die Bourgeoisie die Fähigkeit, die Nation zu beherrschen, schon verloren und wo die Arbeiterklasse diese Fähigkeit noch nicht erworben hatte».[10]

Zur Herrschaft Louis Napoleons, der als Napoleon III. seit dem Dezember 1852 den Titel «Kaiser der Franzosen» führte, sahen Marx und Engels im zeitgenössischen Europa so viele Analogien, daß sie den «Bonapartismus» zu einem Regimetyp avancieren ließen. Er war dadurch gekennzeichnet, daß die Bourgeoisie aus Angst vor der sozialen Revolution auf die unmittelbare Ausübung der politischen Herrschaft zugunsten eines Regimes verzichtete, das im Gegenzug ihre gesellschaftliche Herrschaft garantierte und sich selbst den Schein einer demokratischen Legitimation gab. In diesem Sinne rechnete Engels, mit einigen Einschränkungen, seit 1866 auch Preußen (und nach 1871 das Deutsche Reich) unter Bismarcks Führung den bonapartistischen Regimen zu.

1. Die unwiederholbare Revolution

Als Bismarck Anfang April 1866, am Vorabend des Krieges mit Österreich, dem Bundestag zu Frankfurt am Main den Vorschlag unterbreitete, ein aus allgemeinen und direkten Wahlen hervorgegangenes deutsches Parlament zu berufen, erklärte Engels den Bonapartismus sogar zum kontinentaleuropäischen Regelfall und zur «wahren Religion der Bourgeoisie». «Es wird mir immer klarer», schrieb er am 13. April 1866 aus Manchester an Marx in London, «daß die Bourgeoisie nicht das Zeug hat, selbst direkt zu herrschen, und daß daher, wo nicht eine Oligarchie wie hier in England es übernehmen kann, Staat und Gesellschaft gegen gute Bezahlung im Interesse der Bourgeoisie zu leiten, eine bonapartistische Halbdiktatur die normale Form ist; die großen materiellen Interessen der Bourgeoisie führt sie durch selbst gegen die Bourgeoisie, läßt ihr aber keinen Teil an der Herrschaft selbst. Andererseits ist diese Diktatur selbst wieder gezwungen, diese materiellen Interessen der Bourgeoisie widerwillig zu adoptieren.»[11]

Vor 1848 hatten Marx und Engels vor allem die periodischen Handelskrisen als Beleg dafür gewertet, daß die Bourgeoisie nicht mehr zur Herrschaft fähig sei. Auch in der Zeit danach erwarteten beide von konjunkturellen Krisen immer wieder eine Beschleunigung des revolutionären Prozesses. Da die Krisen nicht hielten, was sie zu versprechen schienen, war es für Marx und Engels um so wichtiger, im Bonapartismus ein neues Argument für ihre These zu finden, daß die Herrschaft der Bourgeoisie nicht mehr von langer Dauer sein werde. Ein drittes Argument war, so überraschend das klingen mag, die Ausbreitung der Aktiengesellschaften in der zweiten Hälfte des 19. Jahrhunderts. Marx sah in der Trennung von Eigentum an den Produktionsmitteln und der tatsächlichen Leitung der Produktion die «Aufhebung des Kapitals als Privateigentum innerhalb der Grenzen der kapitalistischen Produktionsweise selbst», einen «sich selbst aufhebenden Widerspruch, der prima facie als bloßer Übergangspunkt zu einer neuen Produktionsform sich darstellt».

Die Aktiengesellschaften bedeuteten, so schrieb er Mitte der 1860er Jahre im posthum veröffentlichten dritten Band des «Kapital», die «Verwandlung des wirklich fungierenden Kapitalisten in einen bloßen Dirigenten, Verwalter fremden Kapitals, und der Kapitalisten in bloße Eigentümer, bloße Geldkapitalisten».[12]

Engels ging im gleichen Zusammenhang, wie so oft, noch weiter. In seiner Schrift «Die Entwicklung des Sozialismus von der Utopie zur Wissenschaft» stellte er 1880 fest, alle gesellschaftlichen Funktionen würden jetzt von besoldeten Angestellten versehen. «Der Kapitalist hat keine gesellschaftliche Tätigkeit mehr, außer Revenuen einstreichen, Kuponabschneiden und Spielen an der Börse, wo die verschiedenen Kapitalisten untereinander sich ihr Kapital abnehmen. Hat die kapitalistische Produktionsweise zuerst Arbeiter verdrängt, so verdrängt sie jetzt die Kapitalisten und verweist sie, ganz wie die Arbeiter, in die überflüssige Bevölkerung, wenn auch zunächst noch nicht in die industrielle Reservearmee.»[13]

Die schärfste Ausformulierung der These, daß es zwischen dem Untergang der Adelsherrschaft und dem Ende der Herrschaft der Bourgeoisie offenkundige Parallelen gebe, findet sich im «Anti-Dühring» von 1878, der wohl meistgelesenen Schrift von Engels. Die Revolution des Bürgertums habe sich in der ihr angemessenen politischen und rechtlichen Atmosphäre glänzend entwickelt, heißt es da, «so glänzend, daß die Bourgeoisie schon nicht mehr weit von der Stellung ist, die der Adel 1789 einnahm: Sie wird mehr und mehr nicht nur sozial überflüssig, sondern soziales Hindernis; sie scheidet mehr und mehr aus der Produktionstätigkeit aus und wird mehr und mehr, wie seinerzeit der Adel, eine bloß Revenuen einstreichende Klasse; und sie hat diese Umwälzung ihrer eigenen Stellung und die Erzeugung einer neuen Klasse, des Proletariats, fertiggebracht, ohne irgendwelchen Gewaltshokuspokus, auf rein ökonomischem Wege.»[14]

II.

Marx und Engels unterschieden sich kaum von den Meinungen geschichtskundiger «bürgerlicher» Zeitgenossen, wenn sie in einem langfristigen Funktionsverlust des Adels die Bedingung der Möglichkeit der Französischen Revolution von 1789 sahen. Die Ansicht war wohlbegründet. Infolge der Schaffung eines stehenden Heeres durch die französischen Könige im 13. Jahrhundert hatte der alte Schwertadel seine raison d'être und damit den Grund seiner Privilegien längst eingebüßt. «Bürgerliche» waren in Regierungs- und Verwaltungspositionen und zum Teil in einen neuen Amtsadel, die «noblesse de robe», aufgerückt; wirtschaftlich hatte der Dritte Stand den Adel im Zeichen eines wachsenden Welthandels, von Hausindustrie und Manufakturen im 18. Jahrhundert weit überrundet. Von einem Gleichgewicht der Klassen zu sprechen, wie Engels das häufig tat, heißt den sozialen Aufstieg des Bürgertums im absolutistischen Frankreich eher zu unterschätzen.

Den umgekehrten Einwand müßte man mit Blick auf das absolutistische Brandenburg-Preußen erheben: Hier waren das Bürgertum zu schwach und der Adel zu stark, als daß der Begriff «Klassengleichgewicht» anwendbar wäre. Und noch ein anderer wesentlicher Unterschied zum spätabsolutistischen Frankreich fällt ins Auge: Die preußischen Monarchen zeigten sich im 18. Jahrhundert sehr viel lern- und reformfähiger als die französischen. Einen «aufgeklärten Absolutismus» wie im Preußen Friedrichs II. (und im Österreich Josephs II.) hat es in Frankreich nicht gegeben. So gesehen, war Deutschland nicht nur weniger «rückständig», als Marx meinte; es spricht sogar vieles für die «dialektische» Gegenthese, mit der der Historiker Rudolf Stadelmann im Jahre 1948 die langfristigen Wirkungen der deutschen Tradition einer Revolution von oben zu bündeln versuchte: «Nicht die deutsche Reaktion, sondern der deutsche Fortschritt hat Deutschland gegenüber dem Westen zurückgeworfen.»[15]

In Preußen übte der Adel im späten 18. Jahrhundert (und weit darüber hinaus) noch gesellschaftliche, und zwar herrschende wie dienende Funktionen aus: Es genügt der Hinweis auf jene enge Verknüpfung von Gutsherrschaft, Militärorganisation und ländlicher Verwaltung, wie sie sich unter Friedrich dem Großen herausbildete. Was dem französischen Adel des 18. Jahrhunderts Einfluß verlieh, war dagegen vor allem seine Stellung bei Hof. In den Worten von Norbert Elias: «Der höfische Adel hat keine unmittelbare Funktion im Prozeß der Arbeitsteilung, aber er hat eine Funktion für den König. Er gehört zu den unmittelbaren Fundamenten seiner Herrschaft.»[16] Die Forderung nach der Beseitigung der Privilegien des gesellschaftlich funktionslos gewordenen Adels hatte also die Logik der gesellschaftlichen Entwicklung für sich. Diese Entwicklung war die Vorbedingung des «Erfolgs» der Revolution von 1789 – einer Revolution, deren soziale Trägerschaft sehr viel breiter war, als das Etikett «bürgerlich» suggeriert: Man denke nur an die Rolle der Bauern und der städtischen Unterschichten, aber auch an die von abtrünnigen Adligen und Klerikern. Doch ein relatives Recht hat der Begriff «bürgerlich», angewandt auf 1789, schon: Die Französische Revolution wird dadurch sehr viel weniger verzeichnet als die von Marx und Engels ebenfalls als «bürgerlich» eingestufte englische Revolution von 1648/49, ganz zu schweigen von der deutschen Reformation des 16. Jahrhunderts, in der Engels die «Revolution Nr. 1 der Bourgeoisie» sah.[17]

Auf das französische Bürgertum des 18. Jahrhunderts traf der Begriff «aufsteigende Klasse» zu, der von Marx verwendete Begriff «Stand der Unterjochung» hingegen schwerlich. Hätte Marx mit seiner These von der (sei es absoluten, sei es relativen) Verelendung des Proletariats recht gehabt, wäre die analoge Vorstellung von einem Aufstieg der Arbeiterklasse damit kaum zu vereinbaren gewesen. Tatsächlich gab es im Europa des 19. und 20. Jahrhunderts einen sozialen Aufstieg der Arbeiterklasse, der aus dem Pauperismus herausführte und die These der Verelendung widerlegte. Im deutschen Vormärz aber war der Pauperismus eine gesellschaftliche Realität: ein denkbar krasser Unterschied zur wirtschaftlichen Prosperität des besitzenden Bürgertums im Frankreich des späten 18. Jahrhunderts.

Die periodischen Krisen, in denen Marx und Engels die Hauptursache der Pauperisierung des Proletariats und einen Beweis für die abnehmende Herrschaftsfähigkeit der Bourgeoisie sahen, haben den langfristigen Trend zur Verbesserung der materiellen Lage der Arbeiter immer wieder unterbrochen, aber nicht zum Stillstand gebracht oder gar in sein Gegenteil verkehrt. Das lag nicht zuletzt an den Arbeitern selbst, die sich beim Kampf um die Durchsetzung ihrer Interessen freilich eher «reformistisch» als «revolutionär» und damit anders verhielten, als Marx es vorhergesagt und gefordert hatte. Der marxistische Theoretiker Rudolf Hilferding hat 1915 die Folgen dieser säkularen Entwicklung in einem gestochenen Paradoxon gebündelt: «Die konterrevolutionären Wirkungen der Arbeiterbewegung haben die revolutionären Tendenzen des Kapitalismus geschwächt.»[18]

Sowenig die zyklischen Wirtschaftskrisen als Beleg dafür taugten, daß die Tage der Herrschaft der Bourgeoisie gezählt seien, sowenig auch das Phänomen des Bonapartismus, das zweite Argument von Marx und Engels zugunsten dieser These. In Reinkultur gab es den Bonapartismus ohnehin nur zwischen 1848 und 1870 in Frankreich, und nachdem er im deutsch-französischen Krieg schließlich unter dem Beifall von Marx und Engels niedergeworfen worden war, folgte ihm ein zutiefst bürgerliches Regime: die Dritte Republik. Sie ging hervor aus der blutigen Niederwerfung der Pariser Kommune – des Versuchs von Teilen des hauptstädtischen Proletariats und Kleinbürgertums, ebendiese Entwicklung aufzuhalten. Das Scheitern der Pariser Erhebung bewies einmal mehr, daß eine revolutionäre Metropole nicht ausreiche, ein Land zu revolutionieren.

Außerhalb Frankreichs gab es zwar vielerlei Anwendungen «bonapartistischer» Herrschaftstechniken, aber nirgendwo ein bonapartistisches Regime. Das gilt auch für Preußen-Deutschland. Bismarck war viel zu sehr royalistischer Junker, um je zu einem Usurpator wie Napoleon III. werden zu können. Der preußische Ministerpräsident, Bundeskanzler des Norddeutschen Bundes und deutsche Reichskanzler bediente sich wohl «bonapartistischer» Mittel wie des allgemeinen, gleichen und direkten Wahlrechts für Männer, des quasi-plebiszitären «appel au peuple» und der Instrumentalisierung außenpolitischer Krisen, ja von kalkuliert ausgelösten Kriegen, für innenpolitische Zwecke. Doch die «Revolution von oben», der der erste deutsche Nationalstaat seine Entstehung verdankt, genügt nicht, um das zweite deutsche Kaiserreich als «bonapartistisch» charakterisieren zu können. Im Sinne von Max Webers Typologie lassen sich im Bismarckreich sehr viel mehr Elemente von rationaler und traditionaler als von charismatischer Herrschaft nachweisen.[19]

Friedrich Engels traf einen Teil der komplizierten Realität, als er 1883 in einem Brief an Eduard Bernstein das deutsche Kaiserreich einen «Mischmasch von Halbfeudalismus und Bonapartismus» nannte.[20] Abwegig war dagegen seine Behauptung von 1872, man finde im neuen Deutschen Reich «neben der Grundbedingung der alten absoluten Monarchie: dem Gleichgewicht zwischen Grundadel und Bourgeoisie, die Grundbedingung des modernen Bonapartismus: das Gleichgewicht zwischen Bourgeoisie und Proletariat».[21] Die Gleichgewichtsthese war auf den Bonapartismus noch weniger anwendbar als auf den Absolutismus. Weder in Frankreich noch in Deutschland gab es zu Lebzeiten von Marx und Engels ein Gleichgewicht von Bourgeoisie und Proletariat, sondern in beiden Ländern ein deutliches Übergewicht des Bürgertums im weitesten Sinn. In Frankreich war die Bourgeoisie unter Napoleon III. zwar nicht an der Macht, aber der politischen Macht sehr viel näher als die Arbeiter. Im deutschen Kaiserreich stand keine Gruppe der politischen Macht so nahe wie die adlige und militärische Führungsschicht Preußens, aber das besitzende und gebildete Bürgertum allemal noch sehr viel näher als das Proletariat. Die These, die Bourgeoisie sei immer weniger zur politischen Herrschaft fähig, läßt sich weder aus der Geschichte Frankreichs unter Napoleon III. noch aus der des deutschen Kaiserreichs unter Bismarck ableiten.

Ähnlich schlecht bestellt ist es um das dritte Argument, mit dem Marx und Engels den Verlust bürgerlicher Herrschaftsfähigkeit zu erhärten versuchten: die These, in den Aktiengesellschaften hebe sich der Kapitalismus in gewisser Weise und in gewissen Grenzen selber auf. Das Verhältnis zwischen Arbeitgebern und Arbeitnehmern hat sich durch die Trennung von Eigentum *an* den Produktionsmitteln und Verfügung *über* sie nicht qualitativ geändert. Die angestellten Manager (oder «Dirigenten», wie Marx sie nannte) wurden weder zu einem «pouvoir neutre» zwischen Arbeit und Kapital noch gar zu einem Teil der Arbeiterschaft. Sie entwickelten sich vielmehr zur modernen kapitalistischen Funktionselite schlechthin. Die Arbeitsteilung zwischen Eigentümern und tatsächlichen Unternehmensleitern bedeutete eine Funktionsverschiebung innerhalb der «bürgerlichen» Sphäre, nicht den Beginn einer Machtverschiebung zwischen Bourgeoisie und Proletariat.

Die Argumente, die Marx und Engels vortrugen, um ihren Rückschluß von der bürgerlichen auf die proletarische Revolution zu begründen, waren mithin allesamt nicht triftig; der Rückschluß war ein Fehlschluß. Das Bürgertum ist zu keiner Zeit «funktionslos» geworden wie der Adel; die Arbeiterschaft wurde nie zum «allgemeinen Stand» wie zeitweilig das Bürgertum. «1789», als Kürzel genommen für die welthistorische Umwälzung seit dem späten 18. Jahrhundert, steht für eine historisch singuläre Konstellation. Hätten Marx und Engels nicht allem zum Trotz, was schon zu ihren Lebzeiten dagegen sprach, an der Analogie von bürgerlicher und proletarischer Revolution festgehalten, die Weltgeschichte wäre anders verlaufen. Doch sie beharrten auf der einmal, während der 1840er Jahre, gewonnenen Überzeugung, weil sie ein Teil ihres Selbst, ja ihre raison d'être, geworden war. Sie dachten weniger vom Gegenstand ihrer Beschäftigung als vom Ziel her. Ihr Ziel war die klassenlose Gesellschaft, die aus der Überwindung des Kapitalismus durch die proletarische Revolution hervorgehen sollte. Im Zweifelsfall legitimierte das Ziel das Argument und nicht das Argument das Ziel. Es waren nicht erst die Erben des «Wissenschaftlichen Sozialismus», die sich dem theoretischen Systemzwang fügten. Als erste beschritten die Gründerväter diesen Weg.

III.

Wenige Probleme haben den jungen Marx so intensiv beschäftigt wie das der gesellschaftlichen Arbeitsteilung und der dadurch bedingten «Entfremdung» zwischen dem Arbeiter und dem Produkt seiner Arbeit. Die wichtigsten Erkenntnisse, die er Mitte der 1840er Jahre gewann, waren die folgenden: *Erstens:* Die grundlegende Arbeitsteilung war die zwischen materieller und geistiger Arbeit. *Zweitens:* Auf ebendieser Arbeitsteilung beruhte die Klassenteilung. *Drittens:* In der klassenlosen Gesellschaft des Kommunismus würde es keine Arbeitsteilung und folglich auch keine «entfremdete» Arbeit mehr geben.

Die ersten beiden Thesen haben Marx und Engels auch in späteren Jahren vertreten. Die dritte These erfuhr eine gewisse Abschwächung: Im Zuge des wissenschaftlichen und technischen Fortschritts könne sich der Arbeiter zunehmend entspezialisieren und gewissermaßen «neben den Produktionsprozeß» treten, «statt sein Hauptagent zu sein».[22] In seiner «Kritik des Gothaer Programms» der deutschen Sozialdemokratie sprach Marx 1875 sogar ausdrücklich davon, daß in einer höheren Phase der kommunisti-

1. Die unwiederholbare Revolution

schen Gesellschaft «die knechtende Unterordnung der Individuen unter die Teilung der Arbeit, damit auch der Gegensatz geistiger und körperlicher Arbeit verschwunden» sein werde.[23]

Doch es gab auch andere Aussagen von Marx über die gesellschaftliche Entwicklung nach der revolutionären Überwindung des Kapitalismus. Im dritten Band des «Kapital», der nach Engels' Auskunft Mitte der sechziger Jahre entstand, legt Marx dar, daß und warum es auch in der nachkapitalistischen Gesellschaft «Arbeiter» und «Dirigenten» geben werde. Den «Dirigenten» falle die «Arbeit der Oberaufsicht und Leitung» zu: eine Arbeit, die überall da notwendig entspringe, «wo der unmittelbare Produktionsprozeß die Gestalt eines gesellschaftlich kombinierten Prozesses hat und nicht als vereinzelte Arbeit der selbständigen Produzenten auftritt».

Eine solche Arbeit sei also nicht nur in Produktionsweisen erforderlich, die auf dem Gegensatz zwischen dem unmittelbaren Produzenten und dem Eigentümer der Produktionsmittel beruhten. Vielmehr stelle sich «in allen Arbeiten, worin viele Individuen kooperieren, … notwendig der Zusammenhang und die Einheit des Prozesses in einem kommandierenden Willen dar, und in Funktionen, die nicht die Teilarbeiten, sondern die Gesamttätigkeit der Werkstatt betreffen, wie bei dem Direktor eines Orchesters. Es ist dies eine produktive Arbeit, die verrichtet werden muß in jeder kombinierten Produktionsweise.» Das zeitgenössische Beispiel der englischen Kooperativfabriken bewies Marx zufolge, daß die Beziehung zwischen Arbeitern und Dirigenten nicht eine antagonistische sein mußte. «Bei der Kooperativfabrik fällt der gegensätzliche Charakter der Aufsichtsarbeit weg, indem der Dirigent von den Arbeitern bezahlt wird, statt ihnen gegenüber das Kapital zu vertreten.»[24]

Mit seiner These von der bleibenden Notwendigkeit von Leitungs- und Aufsichtsfunktionen gelangte Marx an einen kritischen Punkt: Die neue Erkenntnis widersprach dem, was er früher über die gesellschaftliche Entwicklung nach der Beseitigung des Kapitalismus geschrieben hatte. Die Trennung von leitenden und ausführenden Funktionen implizierte Arbeitsteilung, und zwar gerade jene Arbeitsteilung, von der der junge Marx in der «Deutschen Ideologie» gesagt hatte, erst sie sei wirklich «Teilung»: die «Teilung der materiellen und der geistigen Arbeit».[25] Wenn also Arbeitsteilung und namentlich die elementare Teilung von leitender und ausführender Arbeit im Kommunismus erhalten blieb, so war eine klassenlose Gesellschaft auch nach der proletarischen Revolution nicht möglich. Und da Arbeitsteilung gemäß der Analyse des jungen Marx (im Pariser Manuskript «Nationalökonomie und Philosophie» von 1844) Entfremdung bedingte, folgte daraus weiter, daß auch der Kommunismus die Entfremdung des Menschen nicht aufheben konnte.[26]

Die Einsicht, daß es auch nach der proletarischen Revolution «Leitung» und «Oberaufsicht» geben müsse, beschränkte sich nicht auf die Sphäre des Betriebs, sondern galt auch im Rahmen der Gesellschaft insgesamt. Nach «Aufhebung der kapitalistischen Produktionsweise, aber mit Beibehaltung gesellschaftlicher Produktion» bleibe, so formuliert Marx im dritten Band des «Kapital», «die Wertbestimmung vorherrschend in dem Sinn, daß die Regelung der Arbeitszeit und die Verteilung der gesellschaftlichen Arbeit unter die verschiedenen Produktionsgruppen, endlich die Buchführung hierüber, wesentlicher denn je wird».[27]

Die Aufgabe gesamtgesellschaftlicher Koordination erhielt besonderes Gewicht dadurch, daß Marx in der «*nationalen Zentralisation der Produktionsmittel ...* die natürliche Basis einer Gesellschaft» sah, «die sich aus Assoziationen freier und gleichgestellter, nach einem gemeinsamen und rationellen Plan bewußt tätiger Produzenten zusammensetzt».[28] Marx ging sicherlich davon aus, daß die Inhaber der Leitungsfunktionen in Betrieb und Gesellschaft durch ihre

1. Die unwiederholbare Revolution

Auftraggeber gewählt und gegebenenfalls auch wieder abgewählt wurden. Das hätte jedenfalls dem von ihm unterstützten Modell der Pariser Kommune entsprochen.

Doch was sprach dafür, daß die Funktionsteilung zwischen Arbeitern und Dirigenten eine nichtantagonistische Beziehung blieb? Daß es zwischen ihnen oder zwischen einzelnen Betriebseinheiten und den gesamtgesellschaftlichen Koordinatoren nicht doch zu Konflikten kommen würde? Daß die Dirigenten nicht auf Grund besserer Übersicht den Anspruch erhoben, das wohlverstandene Interesse der Arbeiter besser zu kennen als diese, und sich selbst die Rolle zuwiesen, die Marx einst der Philosophie zugedacht hatte: der «Kopf» der proletarischen Bewegung zu sein?

Den Begriff der «revolutionären Avantgarde», der später bei den russischen Bolschewiki Karriere machte, hat Marx *nicht* geprägt, wohl aber das Phänomen in gewisser Weise vorausgedacht. Den nicht minder folgenschweren Begriff *Diktatur des Proletariats* hat dagegen schon Marx verwendet. In einem Brief an Joseph Weydemeyer vom 5. März 1852 rechnete er die Erkenntnis, «daß der Klassenkampf notwendig zur ‹Diktatur des Proletariats› führt», sogar zum Kernbereich seiner Theorie.[29] Eingeführt hatte Marx diesen Begriff 1850 in seiner Schrift «Die Klassenkämpfe in Frankreich». Sie war ein Versuch, die enttäuschenden Erfahrungen von 1848/49 historisch und theoretisch zu bewältigen. Das Ergebnis war nicht eine Revision, sondern eine Radikalisierung der Marxschen Vorstellung von der proletarischen Revolution.

Die wichtigste Lektion des Revolutionsjahres bestand für Marx darin, daß das Proletariat die einmal eroberte Macht nur festhalten konnte, indem es die Klassengegner systematisch unterdrückte. Er gab seine eigene Auffassung wieder, wenn er die Position des «revolutionären Sozialismus» oder «Kommunismus» wie folgt umriß: «Dieser Sozialismus ist *die Permanenzerklärung der Revolution*, die *Klassendiktatur* des Proletariats als notwendiger Durchgangspunkt *zur*

Abschaffung der Klassenunterschiede überhaupt...»³⁰ Die Analogie zur jakobinischen «terreur» ist offenkundig, auch wenn Marx an dieser Stelle nicht auf das Vorbild von 1793 verweist. Damals mußte, wie er 1847 schrieb, «die Schrekkensherrschaft ... nur dazu dienen, durch ihre gewaltigen Hammerschläge die feudalen Ruinen wie vom französischen Boden wegzuzaubern. Die ängstlich-rücksichtsvolle Bourgeoisie wäre in Dezennien nicht mit dieser Arbeit fertig geworden. Die blutige Aktion des Volkes bereitete ihr also nur die Wege.»³¹

In seiner Verteidigung der Pariser Kommune, der «Adresse des Generalrats über den Bürgerkrieg in Frankreich» von 1871, rechtfertigte Marx die Entscheidung der Kommune, die Trennung von gesetzgebender und vollziehender Gewalt zugunsten einer einzigen «arbeitenden Körperschaft» aufzuheben und den Richtern ihre «scheinbare» Unabhängigkeit zu entziehen. Damit war die Beseitigung des «bürgerlichen» Rechtsstaats theoretisch sanktioniert. Den Begriff «Diktatur des Proletariats» verwendete Marx in diesem Zusammenhang nicht. Es war Engels, der 1891 in seiner Einleitung zur Neuausgabe von Marx' Schrift emphatisch ausrief: «Seht euch die Pariser Kommune an. Das war die Diktatur des Proletariats.»³²

Damit wurde Engels zum Stichwortgeber für Lenin. Als einen Marxisten wollte der Führer der Bolschewiki seit 1917 nur noch gelten lassen, wer die Anerkennung des Klassenkampfes auf die Anerkennung der Diktatur des Proletariats erstreckte. Der Inhalt dieses Begriffs war nun freilich ein anderer als für Marx und Engels. Beide hatten darunter den Ausdruck des Willens der Masse der Werktätigen verstanden, die ihrerseits die überwältigende Mehrheit der Bevölkerung bildeten. Für Lenin war die Diktatur des Proletariats die «Organisierung der Avantgarde der Unterdrückten zur herrschenden Klasse zwecks Niederhaltung der Unterdrücker».³³ Die Avantgarde jedoch war die kommunistische Partei – genauer gesagt: ihre Führung.

1. Die unwiederholbare Revolution

Marx und Engels hatten jahrzehntelang erwartet, daß die Revolution des Proletariats von den entwickelten kapitalistischen Ländern und nicht etwa von einem rückständigen Agrarland wie Rußland ausgehen werde. Und doch gab es auch für Marx einen dialektischen Zusammenhang zwischen Rückständigkeit und Revolution. In den vierziger Jahren hatte er dem rückständigen Deutschland die Mission zugewiesen, die proletarische Revolution zwar nicht zu beginnen, aber doch zu vollenden, und das damit begründet, daß die Umwälzung in Deutschland gerade wegen seiner Rückständigkeit besonders gründlich sein müsse.

Im Hinblick auf das ungleich rückständigere Rußland äußerte Engels im Februar 1882 die Überzeugung, daß dort «die Avantgarde der Revolution zum Schlagen kommen wird».[34] Drei Jahre später, am 23. April 1885, vermutete er in einem Brief an Vera Sassulitsch zur Lage in Rußland, «daß man sich dort seinem 1789 nähert». Rußland sei «einer der Ausnahmefälle, in denen es einer Handvoll Leute möglich ist, eine Revolution zu *machen*«, und «wenn jemals der Blanquismus – die Phantasie, eine ganze Gesellschaft durch eine kleine Verschwörergruppe umzuwälzen – eine gewisse Daseinsberechtigung gehabt hat, dann sicherlich in Petersburg». In Rußland würden alle gesellschaftlichen Widersprüche «von der Urgemeinschaft bis zur modernen Großindustrie und Hochfinanz» durch einen Despotismus ohnegleichen gewaltsam zusammengehalten – «einen Despotismus, der immer unerträglicher wird für eine Jugend, die in sich die nationale Intelligenz und Würde vereint – wenn dort das 1789 einmal begonnen hat, wird das 1793 nicht auf sich warten lassen».[35]

Wie lange das russische «1793» dauern würde: darüber ließ sich Engels nicht aus. Worauf es ihm ankam, war, daß das rückständige Rußland den Mangel des entwickelten Westens, das Fehlen einer revolutionären Situation, ausglich und eben dadurch die Revolution im internationalen Maßstab auslöste. Das war nichts Geringeres als eine neue «translatio revolutionis», und wie beim jungen Marx wanderte die Revolution gedanklich von West nach Ost, wo die Chance am größten war, daß radikale Rückständigkeit in eine radikale Umwälzung umschlug. Die russischen Narodniki, zu denen Vera Sassulitsch damals gehörte, konnten sich von Engels jedenfalls ermutigt fühlen, auf dem Weg des revolutionären Terrors fortzuschreiten. Und nicht nur das: Engels' Brief las sich fast wie eine Vorablegitimation *des* Weges zur Macht, den später Lenin und die Bolschewiki einschlugen.

Die Art und Weise, wie sich die Bolschewiki an der Macht behaupteten, hätte Engels dagegen nicht billigen können: Zu offenkundig war der Widerspruch zwischen ihrer Praxis und seiner Überzeugung, daß «bürgerliche Freiheit, Preßfreiheit, Versammlungs- und Vereinsrecht» die Freiheiten waren, ohne die sich die Arbeiterpartei nicht frei bewegen konnte, ihr «eigenes Lebenselement», die «Luft, die sie zum Atmen nötig hat».[36] Die institutionelle Sicherung dieser Freiheiten durch die Gewaltenteilung freilich hatten Marx und Engels preisgegeben, als sie der Pariser Kommune einen Modellcharakter für die Herrschaft der Arbeiterklasse zuschrieben. Daß die «Diktatur des Proletariats» in der Praxis zur Diktatur über das Proletariat wurde, geschah nicht ohne theoretisches Zutun der Gründerväter des «Wissenschaftlichen Sozialismus».

Während Marx und Engels eine Analogie von bürgerlicher und proletarischer Revolution vorrangig in bezug auf die *Voraussetzungen* beider Arten von Revolutionen nachzuweisen versuchten, haben Lenin und Trotzki vor allem Parallelen des *Verlaufs* postuliert, sich also auch praktisch an «1789» und mehr noch an «1793» orientiert. Stalin stellte Marx gewissermaßen auf den Kopf, als er 1926 behauptete, daß die Staatsmacht des revolutionären Proletariats im Gegensatz zur Staatsmacht des revolutionären Bürgertums die sozialökonomischen Bedingungen der neuen Gesellschaftsformation nicht einfach vorfinde, sondern erst hervorbringen müsse.[37] Das war eine Umkehrung der Marxschen Lehre vom Verhältnis von Basis und Überbau, aber wohl auch noch etwas anderes: eine weitere Steigerung jener Dialektik von Rückständigkeit und Radikalität, zu der schon der junge Marx seinen Beitrag geleistet hatte.

Die russische Oktoberrevolution von 1917 hätte ohne die Mitwirkung von Millionen von Arbeitern und landarmen Bauern nicht stattfinden können, aber eine proletarische Revolution war sie nicht. Stellt man auf die Führungskader ab, war sie mehr als alles andere eine Revolution der revolutionären Intelligenz. Sie war eine Gegenrevolution: eine Revolution *gegen* die «bürgerlichen» Revolutionen des Westens, *gegen* die Ideen von 1789 und damit *gegen* die Menschenrechte, die schon Marx 1844 als «die Rechte des *Mitglieds der bürgerlichen Gesellschaft*, d.h. des egoistischen Menschen, des vom Menschen und vom Gemeinwesen getrennten Menschen» relativiert hatte.[38] Die Revolution der Bolschewiki war Gegenrevolution gegen 1789 auf radikal andere Weise als die faschistischen Bewegungen, aber auch ein gemeinsamer Gegensatz ist eine Gemeinsamkeit. Rainer Lepsius hat recht, wenn er Kommunismus und Faschismus die «beiden großen Bewegungen des 20. Jahrhunderts gegen die parlamentarische Demokratie, gegen das Projekt der Zivilgesellschaft» nennt.[39]

Als Michail Gorbatschow im Januar 1987 seine Politik der Perestrojka damit begründete, daß die Sowjetunion die Demokratie so nötig habe wie die Luft zum Atmen, variierte er, wohl ohne es zu wissen, ein Wort von Engels aus dem Jahr 1865.[40] Doch die Sowjetunion war nicht zu reformieren. Sie hatte den «Wettkampf der Systeme» wirtschaftlich, politisch und ideologisch verloren und schon deshalb nicht gewinnen *können*, weil Zwang als Produktivkraft dem Wettbewerb unterlegen war. Der Versuch, Demokratie zu verwirklichen, ohne mit dem Leninismus radikal zu brechen, kam der Quadratur des Kreises gleich.

Der Leninismus aber war nicht nur ein Produkt russischer Rückständigkeit, nicht nur despotische Reaktion auf Jahrhunderte alte despotische Traditionen. Er war auch das Ergebnis der Radikalisierung und Dogmatisierung einer Theorie, mit der Marx und Engels ursprünglich der deutschen Rückständigkeit hatten zu Leibe rücken wollen: ein Zweck, mit dem sie zugleich neuartigen Zwang legitimierten. Am Beginn dieser Theorie, die wie keine zweite Geschichte gemacht hat, stand eine falsche Analogie: der Rückschluß von der bürgerlichen auf die proletarische Revolution. Quod erat demonstrandum.

2.

DEMOKRATIE UND NATION IN DER DEUTSCHEN GESCHICHTE

Über Demokratie und Nation in der deutschen Geschichte sprechen, heißt eine konfliktreiche Beziehung erörtern. Das gilt für den Zeitraum vom frühen 19. Jahrhundert, als sich der Nationalismus zur Massenbewegung entwickelte, bis zur Gründung des ersten deutschen Nationalstaates im Jahre 1871. Es gilt nicht minder für die Zeit, in der es einen deutschen Nationalstaat gab: von der Bismarckschen Reichsgründung bis zum Untergang des Deutschen Reiches 1945. Und es gilt für die Zeit danach: von der Spaltung Deutschlands bis zur Wiedervereinigung im Jahre 1990. In diese drei Abschnitte möchte ich meine Überlegungen gliedern. Ich beginne also mit der Entstehung des Spannungsverhältnisses von Demokratie und Nation in der Zeit von der napoleonischen Herrschaft bis zur Bildung des ersten deutschen Nationalstaates.

I.

«Am Anfang war Napoleon»: mit diesen Worten beginnt Thomas Nipperdey seine Darstellung der deutschen Geschichte von 1800 bis 1866.[1] Natürlich gibt es Einwände gegen ein solches Aperçu – gerade auch dann, wenn man es auf unser Thema anwendet. Deutsches Nationalbewußtsein und deutsche Vorstellungen von Freiheit lassen sich weit in die Geschichte zurückverfolgen: bis in die Zeit des Humanismus im 16. Jahrhundert, ja bis tief ins Mittelalter hinein. Selbst die antifranzösische Prägung des deutschen Nationalismus, von der gleich zu reden sein wird, hat eine lange vornapoleonische und vorrevolutionäre Vorgeschichte.

Dennoch ist das Zeitalter der Französischen Revolution im weitesten Sinn, also unter Einschluß der Epoche Napoleons, für Deutschland die formative Periode der politischen Moderne im allgemeinen und von Nation und Demokratie im besonderen. «Auch die Theorie wird zur materiellen Gewalt, sobald sie die Massen ergreift», heißt es bei Marx in der Einleitung zur «Kritik der Hegelschen Rechtsphilosophie».[2] Ebendies geschah mit dem Nationalismus nach 1789: Er erhielt dadurch eine neue, moderne Qualität, daß er sich demokratisierte, sich von einem Elitenbewußtsein in eine Massenbewegung verwandelte. Mit der Demokratisierung des Nationalismus ging seine Säkularisierung einher: Erst die Französische Revolution brach konsequent mit den religiösen Begründungen nationaler Selbsteinschätzung. Die Nation verdrängte als verbindliche Sinngebungs- und Rechtfertigungsinstanz die Kirche; der moderne Nationalismus wurde für viele zur neuen weltlichen Religion.

Der moderne Nationalismus in Reinkultur war der französische von 1789. Er war politisch und voluntaristisch. Er berief sich auf die weltumspannenden Ideen der Revolution, auf Freiheit, Gleichheit, Brüderlichkeit; er konstituierte die französische Nation neu: als Willensgemeinschaft des souveränen Volkes. Der deutsche Nationalismus konstituierte sich als Massenbewegung gegen den französischen: in der Auflehnung gegen die Fremdherrschaft und Hegemonie des napoleonischen Frankreich, das in den Augen vieler Deutscher auch die universalen Werte von 1789 diskreditierte. Da es einen deutschen Nationalstaat noch nicht gab, konnte der frühe deutsche Nationalismus sich nicht an einer eigenen, subjektiv als vorbildhaft empfundenen politischen Ordnung ausrichten. Er berief sich auf vermeintlich objektive Größen wie Volk, Sprache und Kultur, die dem politischen Wollen gleichsam vorgelagert waren. Der deutsche Nationalismus war mithin im Unterschied zum französischen stark deterministisch geprägt.

2. Demokratie und Nation in der deutschen Geschichte 33

Verglichen mit dem französischen Nationalismus war der spätere deutsche Nationalismus auch noch in einer anderen Hinsicht weniger modern: Er vollzog nicht den radikalen Bruch mit den tradierten Bindungen an Fürst, Heimat, Religion, sondern überwölbte diese Loyalitäten durch das Bekenntnis zu Deutschland – ein Bekenntnis, das seit den Freiheitskriegen eine Kampfansage an die Nachbarn im Westen einschloß. «Ich will den Haß gegen die Franzosen, nicht bloß für diesen Krieg, ich will ihn lange Zeit, ich will ihn für immer», schrieb Ernst Moritz Arndt 1813 in seiner Abhandlung «Über Volkshaß und über den Gebrauch einer fremden Sprache». «Dieser Haß glühe als die Religion des deutschen Volkes, als ein heiliger Wahn in allen Herzen und erhalte uns immer in unserer Treue, Redlichkeit und Tapferkeit ...»[3]

Der deutsche Nationalismus hat diese antifranzösische Stoßrichtung nie verloren, sie vielmehr bald mit einem weiteren antiwestlichen, nämlich antibritischen Ressentiment verschmolzen, das sich aus dem Gefühl der wirtschaftlichen Unterlegenheit gegenüber England nährte. Das antifranzösische Abwehrsyndrom mochte nach den Freiheitskriegen zeitweilig in den Hintergrund treten; es blieb doch ständig reaktivierbar – in der Rheinkrise von 1840 etwa und dann dreißig Jahre später im deutsch-französischen Krieg von 1870/71.

Neben markanten Unterschieden gab es zwischen dem deutschen und dem französischen Nationalismus jedoch auch Gemeinsamkeiten. Das trifft vor allem für die *innere* Stoßrichtung des Nationalismus zu: Sie war in der Zeit vor der Reichsgründung auch in Deutschland eine durchaus fortschrittliche. Der Ruf nach deutscher Einheit war bei Liberalen, Demokraten und frühen Sozialisten untrennbar verknüpft mit dem Ruf nach politischer Freiheit. Nationale Einigung bedeutete aus dieser Sicht Zurückdrängung des politischen Einflusses des Feudaladels, des Trägers der partikularstaatlichen Zersplitterung, und damit einen Dienst an der Sache der bürgerlichen beziehungsweise proletarischen Emanzipation.

Das Dilemma der freiheitlichen Kräfte bestand nicht nur darin, daß es in Deutschland, anders als in Frankreich, den Nationalstaat noch nicht gab, der, je nach dem politischen Standpunkt der Akteure, ein liberaler, demokratischer oder sozialistischer sein sollte. Es war nicht einmal klar, was zu «Deutschland» gehörte. Mit dem Territorium des Deutschen Bundes konnte der künftige deutsche Nationalstaat, der sich im Vormärz erst allmählich zu einer konkreteren politischen Forderung verdichtete, nicht identisch sein. Sonst wären Ost- und Westpreußen, aber auch Schleswig von vornherein von der Staatsgründung ausgeschlossen gewesen. Auf der anderen Seite umfaßte das Bundesgebiet neben den deutschsprachigen Teilen der Habsburgermonarchie auch Böhmen und Mähren sowie italienisch- und slowenischsprachige Gebiete um Trient und Triest. Vor 1848 gab es kaum einen Liberalen und schon gar keinen Linken, der auf den deutschen Teil des Kaiserreichs Österreich verzichten wollte.

Erst während der Revolution setzten sich in der Deutschen Nationalversammlung zu Frankfurt am Main die «Kleindeutschen» durch, die aus Einsicht in die Macht der Realitäten einem deutschen Nationalstaat unter preußischer Ägide und damit, fürs erste jedenfalls, dem Ausschluß Österreichs das Wort redeten. Sie taten es vergeblich: Der preußische König Friedrich Wilhelm IV. weigerte sich, die ihm zugedachte Rolle zu übernehmen. Er wollte kein Erbkaiser von Gnaden des deutschen Parlaments in der Paulskirche sein.

Das Scheitern der «48er» hatte indes noch tiefere Gründe. Während es in Frankreich 1789 «nur» darum ging, einen bereits bestehenden Nationalstaat politisch und gesellschaftlich umzuwandeln, stand in Deutschland 1848 die gleichzeitige Schaffung eines National- und eines Verfassungsstaates auf der Tagesordnung. In der Sprache der Modernisierungstheorie: Eine «Standardisierungskrise» kreuzte sich mit einer «Partizipationskrise». Dazu kam eine «Redistributionskrise» in Gestalt der «sozialen Frage», aufgeworfen durch den vorindustriellen Pauperismus und die Entstehung des industriellen Proletariats. Die Akkumulation von Krisen überforderte die «Revolutionäre», von denen die meisten gar keine sein wollten. Sie erlagen einem Problemdruck, den sie wohl auch mit mehr revolutionärem Elan nicht hätten bewältigen können.

Die Antwort auf die gescheiterte Revolution von unten war Bismarcks «Revolution von oben». Sein Wort «Revolutionen machen in Preußen nur die Könige» hatte einen richtigen Kern.[4] Im größten norddeutschen Staat gab es die Tradition einer präventiven Reformpolitik oder, wie Hans-Ulrich Wehler es nennt, der «defensiven Modernisierung»: Der Staat selbst leitete die Veränderungen ein, die unumgänglich erschienen, und behielt eben dadurch den Wandel unter Kontrolle.[5] So hatten es Friedrich der Große, dann, unter dem Eindruck der Niederlagen von 1806/07, Stein und Hardenberg getan; so tat es nun, im Gefolge der Revolution von 1848, Bismarck. Der seit 1862 regierende Staatsmann neutralisierte die politischen Energien des liberalen Bürgertums, indem er dessen wirtschaftliche Forderungen erfüllte und das politische Programm des Liberalismus verwirklichte, soweit dies mit den Interessen der alten Führungsschichten vereinbar schien.

Ein Teil der Liberalen folgte ihm. Preußens Sieg über Österreich in der Schlacht von Königgrätz am 3. Juli 1866 erweiterte Bismarcks innenpolitischen Manövrierraum beträchtlich. Als er am 5. August das Abgeordnetenhaus um «Indemnität» für seine vier Jahre während verfassungswidrige Politik des Regierens ohne gesetzliches Budget ersuchte, war der rechte Flügel der oppositionellen Deutschen Fortschrittspartei bereit, diese Brücke zu betreten und den Verfassungskonflikt beizulegen. Entscheidend war, daß Preußen durch den Ausgang des Krieges mit Österreich den deutschen Widersacher im Kampf um die Hegemonie in Deutschland niedergerungen hatte. Die «National-Zeitung», das Organ des rechten Flügels der Fortschrittspartei und später der Nationalliberalen Partei, feierte das Ereignis von Königgrätz mit den Worten: «Dies ist der Schritt, mit dem erst ganz und vollständig das Mittelalter, die Feudalität von unserer Nation überwunden und beseitigt wird. Indem wir uns vom Haus Habsburg trennen, welches die Ideen und die Ansprüche des römisch-deutschen Kaisertums nicht loswerden kann, werden wir eine selbständige Nation und stehen wir vor der Möglichkeit, einen deutschen Nationalstaat zu errichten. Wir *können* deutscher sein, als es unseren Vorfahren vergönnt war.»[6]

Die politische Freiheit im Sinne eines zumindest de facto parlamentarischen Systems und damit der Vorherrschaft der bürgerlichen Kräfte war 1866 noch längst nicht erreicht. Aber der deutschen Einheit war man ein gutes Stück nähergekommen, und das erfüllte viele Liberale mit Genugtuung. Das gebildete Bürgertum begriff sich als den eigentlichen Träger der deutschen Nationalkultur; das besitzende Bürgertum hatte das größte materielle Interesse daran, daß sich der 1833/34 gegründete Deutsche Zollverein zu einem deutschen Nationalstaat fortentwickelte. Am prägnantesten formulierte ein ehemaliger «48er» Demokrat, Ludwig Bamberger, die Erwartungen des nationalliberalen Bürgertums. In einem Aufruf an die Wähler Rheinhessens fragte er im Dezember 1866 anläßlich der bevorstehenden Wahlen zum Reichstag des Norddeutschen Bundes rhetorisch: «Ist denn die Einheit nicht selbst ein Stück Freiheit?»[7]

Nicht alle Deutschen hatten um diese Zeit ihren Frieden mit jener kleindeutschen Lösung der deutschen Frage gemacht, wie sie sich seit 1866 abzeichnete. Manche bürgerlichen Demokraten, die den linken Flügel des Liberalismus bildeten, und die von August Bebel und Wilhelm Liebknecht geführte Richtung innerhalb der deutschen Arbeiterbewegung beharrten weiterhin auf einer großdeutschen Lösung unter Einschluß des deutschen Österreich. Diese Forderung ergab sich mit innerer Logik schon aus dem demokratischen

2. Demokratie und Nation in der deutschen Geschichte

Ansatz der Linken, ihrem Eintreten für das Prinzip der Volkssouveränität, das sich nicht mit Rücksichtnahmen auf dynastische Interessen vertrug. Aus einem anderen Grund waren viele deutsche Katholiken, vor allem solche aus den süddeutschen Mittelstaaten, großdeutsch gesinnt: Sie fürchteten eine Majorisierung des katholischen Deutschland in einem preußisch und protestantisch dominierten Reich.

Die gängige Formel vom «evangelischen Kaisertum» der Hohenzollern markierte eine der Trennlinien, die das Bismarckreich prägen sollten. Die Nationalstaatsgründung war eines. Ein anderes war die Nationsbildung, die mit der Proklamation des deutschen Kaiserreiches im Spiegelsaal von Versailles am 18. Januar 1871 mitnichten abgeschlossen war.

II.

Im deutsch-französischen Krieg von 1870/71 warf Preußen, unterstützt von den anderen deutschen Staaten, den letzten mächtigen Widersacher einer deutschen Nationalstaatsgründung nieder. Für die übrigen Großmächte war die kleindeutsche Lösung allemal ein kleineres Übel als die großdeutsche, die Deutschland zu einer eindeutig hegemonialen Position verholfen, das europäische Gleichgewicht also radikal beseitigt haben würde. Einen «halbhegemonialen» Status hatte das Bismarckreich ohnehin erlangt – und zwar nicht zuletzt infolge der Annexion von Elsaß-Lothringen. Daß die deutschsprachigen Elsässer und Lothringer in ihrer Mehrheit lieber französische Staatsbürger geblieben wären, war aus deutscher Sicht kein Argument gegen die Angliederung. «Wir wollen ihnen wider ihren Willen ihr eigenes Selbst zurückgeben», schrieb 1870 der nationalliberale Historiker Heinrich von Treitschke. «Der Geist eines Volkes umfaßt nicht bloß die nebeneinander, sondern auch die nacheinander lebenden Geschlechter. Wir berufen uns wider den mißleiteten Willen derer, die da leben, auf den Willen derer, die da waren.»[8] Klarer hätte der Gegensatz zwischen dem deterministischen Nationsbegriff der Deutschen und dem voluntaristischen der Franzosen nicht formuliert werden können.

Auch nach innen zeigte der liberale Nationalismus nach 1871 ein zunehmend illiberales Gesicht. In den «Kulturkampf» der siebziger Jahre stürzten sich die Nationalliberalen, die eigentliche Reichsgründungspartei, in der Absicht, den politischen Katholizismus als konkurrierende Volksbewegung und als potentiellen Partner der Konservativen bei der Bildung einer antiliberalen Reichstagsmehrheit auszuschalten. Die Kampfansage an die «Ultramontanen» gipfelte darin, daß den Anhängern der katholischen Zentrumspartei die Vaterlandsliebe abgesprochen wurde. So schrieb die «National-Zeitung» im Oktober 1876: «Deutschland hat den Kampf gegen die schwarze Schar der vaterlandslosen Römlinge aufgenommen, wohl wissend, daß dieser Kampf schwerer und langwieriger sein würde als der gegen den Erbfeind jenseits des Rheins.»[9]

Den Vorwurf mangelnder nationaler Gesinnung zogen sich zur selben Zeit auch die Sozialisten zu. Für die Nationalliberalen fatal war dabei, daß sie selbst immer mehr ins Visier der weiter rechts stehenden konservativen Sozialistengegner, aber auch Bismarcks gerieten. Nach zwei Attentaten auf Kaiser Wilhelm I. im Mai und Juni 1878 – verübt von Anarchisten und nicht etwa von Parteigängern der Sozialdemokratie – sahen sich die Liberalen aller Schattierungen mit der Anklage konfrontiert, mit ihrer Auffassung vom Rechtsstaat verhinderten sie einen energischen Kampf gegen die sozialistische Bewegung.

Daß die Nationalliberalen im Oktober 1878 dem «Gesetz gegen die gemeingefährlichen Bestrebungen der Sozialdemokratie», einem rechtsstaatswidrigen Ausnahmegesetz, zustimmten, bedeutete eine Teilkapitulation vor dem «Eisernen Kanzler». Im Jahr darauf schwor die Mehrheit der Nationalliberalen einem der Prinzipien des wirtschaftlichen Liberalismus, dem Freihandel, ab. Die Einführung von

Schutzzöllen für Roheisen und Getreide im Juli 1879 war das definitive Ende der «liberalen Ära» der Bismarckzeit: Die Zusammenarbeit zwischen dem Reichsgründer und dem rechten Flügel des Liberalismus, die im September 1866 mit der Annahme des Indemnitätsgesetzes begonnen hatte, hörte auf, die parlamentarische Achse der deutschen Innenpolitik zu sein. Im Jahre 1880 spaltete sich die Nationalliberale Partei: Die Kritiker Bismarcks, unter ihnen Ludwig Bamberger, kehrten in die Opposition zurück.

Was sich im ersten Jahrzehnt des Kaiserreichs vollzog, läßt sich als Funktionswandel des Nationalismus, verbunden mit einer weitgehenden Auswechslung seiner Trägerschichten, beschreiben. Bis in die siebziger Jahre hinein war «national» nahezu ein Synonym für «fortschrittlich» und «liberal» gewesen. Nach der Reichsgründung änderte sich das rasch: Aus einer «linken» Parole wurde binnen kurzem eine «rechte». National sein hieß nun in erster Linie anti-international, sehr häufig auch bereits antisemitisch sein. Juden wurden als Drahtzieher der «roten Internationale» des Proletariats und der «goldenen Internationale» des Bankkapitals ausgemacht; vor allem bei Bauern und Kleingewerbetreibenden, aber auch in akademischen Kreisen fand diese Agitation Beifall. Den Funktionswandel der nationalen Parole hat niemand so prägnant umschrieben wie 1888 der nunmehrige freisinnige Reichstagsabgeordnete Ludwig Bamberger: «Das nationale Banner in der Hand der preußischen Ultras und der sächsischen Zünftler ist die Karikatur dessen, was es einst bedeutet hat, und diese Karikatur ist ganz einfach so zustandegekommen, daß die überwundenen Gegner sich das abgelegte Gewand des Siegers angeeignet, aufgefärbt und zurechtgestutzt haben, um als die lachenden Erben der nationalen Bewegung darin einherstolzieren zu können.» [10]

Die deutschen Linksliberalen haben sich wohl dagegen gewehrt, daß ihnen die nationale Parole von rechts entwendet wurde. Aber so sehr sie sich mit dem historischen Fortschritt im Bunde fühlten, gegen die ungebrochene Macht der alten Herrschaftsschichten aus Junkertum und Militär glaubten sie mit rein innenpolitischen Mitteln nichts ausrichten zu können. Imperialistische Politik als Vehikel der gesellschaftlichen Modernisierung und der Demokratisierung des Staates: auf diese Formel läßt sich das Wollen des linken Flügels des wilhelminischen Liberalismus bringen. Was der Nationalökonom und Soziologe Max Weber 1895 in seiner Freiburger Antrittsvorlesung forderte, war durchaus zeittypisch: «Wir müssen begreifen, daß die Einigung Deutschlands ein Jugendstreich war, den die Nation auf ihre alten Tage beging und seiner Kostspieligkeit halber besser unterlassen hätte, wenn sie der Abschluß und nicht der Ausgangspunkt einer deutschen Weltpolitik sein sollte.» [11]

Der Gegensatz zwischen kultureller und wirtschaftlicher Modernität auf der einen und politischer Rückständigkeit auf der anderen Seite, der Weber umtrieb, war der Grundwiderspruch des Kaiserreichs. Doch die Wirklichkeit war noch komplizierter. Das von Bismarck geschaffene politische System ließ sich nicht einfach als autoritärer Obrigkeitsstaat kennzeichnen. Deutschlands konstitutionelle Monarchie, in die in Gestalt des parlamentarisch kaum kontrollierten Militärwesens ein Stück Absolutismus hineinragte, unterschied sich von den fortgeschrittenen Monarchien West- und Nordeuropas darin, daß sie kein parlamentarisches System war. Aber in einer bestimmten Hinsicht war das Kaiserreich eine besonders demokratische Monarchie: Es kannte seit seiner Entstehung das allgemeine gleiche Wahlrecht für Männer, das Bismarck 1866/67 bereits der Vorform des Reiches, dem Norddeutschen Bund, verordnet hatte.

Das demokratische Wahlrecht erklärt einen Teil der Integrationsprozesse, die sich im kaiserlichen Deutschland vollzogen haben. Für die Katholiken begann das «Hineinwachsen» ins Kaiserreich 1880 mit dem Abbau der Kulturkampfgesetze, für die Sozialdemokraten, die am meisten gefürch-

2. Demokratie und Nation in der deutschen Geschichte 41

teten «Reichsfeinde», mit der Nichtverlängerung des Sozialistengesetzes im Jahre 1890. Das Zentrum entwickelte sich in der Folgezeit zu einer zeitweilig geradezu gouvernementalen Partei. Die Sozialdemokratie, vor wie nach 1890 weit stärker diskriminiert als die Katholiken, blieb im Prinzip Fundamentalopposition, arrangierte sich aber in der Praxis unter dem Einfluß der Freien Gewerkschaften und dem Eindruck der staatlichen Sozialpolitik so weit mit dem bestehenden System, daß man sie in den Jahren vor dem Ersten Weltkrieg nicht mehr als revolutionäre Bewegung bezeichnen konnte. Als die SPD, die seit 1912 die stärkste Fraktion des Reichstags bildete, am 4. August 1914, drei Tage nach Kriegsausbruch, dem Deutschen Reich zusammen mit allen anderen Parteien Kriegskredite bewilligte, wurde vor aller Welt sichtbar, daß der Internationalismus der sozialdemokratischen Arbeiterschaft keine Immunität gegenüber nationalen Gefühlen bewirkt hatte – bei den Parlamentariern der SPD so wenig wie bei ihren Wählern.

Von einer «stillen Parlamentarisierung» des Kaiserreichs kann jedoch, was die Zeit vor 1914 angeht, entgegen einer verbreiteten Meinung nicht die Rede sein. Die politischen und gesellschaftlichen Führungsschichten lehnten einen solchen Verfassungswandel kategorisch ab, und im Reichstag traten nur die Sozialdemokraten und die linksliberale Fortschrittliche Volkspartei für eine parlamentarisch verantwortliche Regierung ein. Die Parlamentarisierung wurde erst in den letzten Wochen des Kaiserreichs, im Oktober 1918, vollzogen, wobei die Oberste Heeresleitung mit diesem Schachzug eine machiavellistische Absicht verfolgte: Sozialdemokraten, Zentrum und Fortschrittliche Volkspartei – die Mehrheitsparteien des Reichstags, die sich zu einem Verständigungsfrieden ohne «erzwungene Gebietserwerbungen und politische, wirtschaftliche und finanzielle Vergewaltigung» bekannten[12] – sollten die politische Verantwortung für die militärische Niederlage übernehmen, an der es zu diesem Zeitpunkt keinen Zweifel mehr gab. Die

Dolchstoßlegende war bereits geboren, als sich das Kaiserreich schließlich doch noch zur parlamentarischen Demokratie wandelte.

Die Mehrheit des Reichstags wollte durch die Oktoberreformen einer Revolution zuvorkommen. Das gelang nicht, weil die Seekriegsleitung an der neuen parlamentarisch verantwortlichen Regierung vorbei Politik auf eigene Faust machte und der Flotte in letzter Stunde den Befehl gab, zur angeblichen Entscheidungsschlacht gegen England auszulaufen. Die deutsche Revolution von 1918/19, die durch ebendiese Militärrevolte ausgelöst wurde, gehört *nicht* zu den großen Revolutionen der Weltgeschichte. Es konnte nach Lage der Dinge auch nicht anders sein. Deutschland war gesellschaftlich und politisch zu entwickelt, um radikal mit der Vergangenheit brechen zu können. Es war ein hochindustrialisiertes Land mit dem für solche Gesellschaften typischen Bedarf an administrativer Kontinuität, und es war, dank der frühzeitigen Einführung des allgemeinen gleichen Wahlrechts für Männer, ein teilweise demokratisiertes Land. In der Logik der Entwicklung lag der Ruf nach *mehr* Demokratie, also nach raschen Wahlen zu einer Verfassunggebenden Nationalversammlung und Parlamentarisierung, nach Einführung des Frauenwahlrechts und Ersetzung des preußischen Dreiklassenwahlrechts durch das allgemeine, gleiche und direkte Wahlrecht, nicht aber eine «Diktatur des Proletariats», wie sie der äußerste linke Flügel der inzwischen gespaltenen marxistischen Arbeiterbewegung in Anlehnung an das Vorbild der russischen Bolschewiki forderte.

So wenig Anfang war nie, könnte man leicht parodierend über die Entstehung der Weimarer Republik sagen. Die sozialdemokratischen Volksbeauftragten um Friedrich Ebert fühlten sich nicht als Gründerväter einer Demokratie, sondern, in Eberts eigenen Worten, als «Konkursverwalter des alten Regimes».[13] Ihr Handlungsspielraum war begrenzt, aber nicht so eng, wie sie meinten. So unterblieben auch bescheidene erste Schritte zur Demokratisierung des Beam-

2. Demokratie und Nation in der deutschen Geschichte

tenapparates, zur Schaffung eines republikloyalen Militärwesens und zur Kontrolle privater Wirtschaftsmacht. Und es unterblieb der moralische Bruch mit dem Kaiserreich. Bereits im Frühjahr 1919 lag der Koalitionsregierung Scheidemann eine Sammlung der deutschen Dokumente zum Kriegsausbruch vor. Daraus ergab sich, daß die Reichsleitung in der Julikrise von 1914 Österreich-Ungarn zum Krieg gegen Serbien gedrängt hatte, folglich einen wesentlichen Teil der Verantwortung für die Auslösung des Weltkrieges trug. Von einer Veröffentlichung aber sah die Regierung, gegen den ausdrücklichen Rat des Reichspräsidenten Ebert, ab. Aus falsch verstandener nationaler Solidarität scheuten die Koalitionspartner – wie in der letzten kaiserlichen Regierung SPD, Zentrum und Demokraten – vor einer Aufdeckung der historischen Wahrheit zurück.

Die Nutznießer waren die Interessenten der Kriegsunschuldlegende, der Zwillingsschwester der Dolchstoßlegende, allen voran die äußerste Rechte. Sie hatte ein klares Feindbild, und daran orientierte sich ihre Kampagne gegen das «Diktat von Versailles» und die «Novemberverbrecher». Nie ist die innere Funktion des extremen Nationalismus schärfer herausgearbeitet worden als von Hitler in einem Artikel, in dem er Anfang 1924 seinen gescheiterten Münchner Putsch vom 8. und 9. November 1923 zu rechtfertigen versuchte. «Der marxistische Internationalismus», schrieb er, «wird nur gebrochen werden durch einen fanatisch extremen Nationalismus von höchster sozialer Ethik und Moral.»[14]

Die Weimarer Republik war der Versuch, die politische Abweichung Deutschlands vom Westen durch Demokratisierung, also Angleichung an den Westen, zu korrigieren. Dieser Versuch ist im Frühjahr 1930 gescheitert. Das krisengeschüttelte parlamentarische System wurde einige Monate später abgelöst durch ein Präsidialsystem, das mit Hilfe von Notverordnungen regierte. Es war ein Versuch, das Rad der Geschichte rückwärts zu drehen, und dieses Experiment schlug ebenfalls fehl. Die Entparlamentarisierung erwies sich als Prämie auf antiparlamentarischen Populismus. Am erfolgreichsten waren in dieser Hinsicht die Nationalsozialisten. Hitler konnte nunmehr an beides appellieren: an die verbreiteten Ressentiments gegenüber dem angeblich «undeutschen» parlamentarischen System *und* an den seit Bismarcks Zeiten verbrieften, von den Präsidialkabinetten aber faktisch außer Kraft gesetzten Anspruch des Volkes auf politische Teilhabe.

Hitler ist nicht durch Wahlen an die Macht gelangt. Aber ohne seine Wahlerfolge wäre er am 30. Januar 1933 nicht Reichskanzler geworden. Sein extremer Nationalismus war eine der Bedingungen dieses Triumphes. Die Beschwörung des nationalen Wiederaufstiegs stellte *auch* eine Antwort auf soziale Abstiegsängste dar – Ängste, die vor allem in den Mittelschichten grassierten. Nationales Pathos diente dazu, Schichten mit höchst unterschiedlichen Interessen anzusprechen. Nationalismus war der kleinste gemeinsame Nenner, auf den sich die sozialpsychologischen Bedürfnisse der von den Nationalsozialisten umworbenen Gruppen bringen ließen.

Mit radikalem Antisemitismus konnte die NSDAP dagegen nur Teile der deutschen Gesellschaft beeindrucken. Kleinhändler, Bauern, Studenten und Akademiker waren durch antijüdische Parolen leichter zu mobilisieren als Arbeiter. In der Wahlpropaganda der Jahre 1930 bis 1932 spielten nationalistische Schlagworte infolgedessen eine größere Rolle als Aufrufe zum Kampf gegen die Juden. Für die Binnenintegration der nationalsozialistischen Bewegung hatte der Antisemitismus jedoch eine zentrale Bedeutung. Vor allem stand er – und hier enden alle Versuche, Nationalismus und Antisemitismus rein funktional zu erklären – im Zentrum des Denkens von Hitler selbst.

Die Rückführung der Nation auf die rassisch «artgleiche» Abstammungsgemeinschaft bedeutete die absolute Verneinung des «westlichen», an die Entscheidung des einzelnen

2. Demokratie und Nation in der deutschen Geschichte   45

appellierenden Verständnisses von Nation. Radikal waren aber auch die Unterschiede zwischen der Rassennation und dem, was bislang mit dem deutschen Begriff von «Kulturnation» verbunden gewesen war. Die Umsetzung des nationalsozialistischen Axioms in die Praxis gipfelte in der Ermordung der europäischen Juden. Mit der «Endlösung der Judenfrage» trat die moralische Selbstzerstörung des deutschen Nationalstaates in ihre letzte Phase. Ihr Ende war erreicht, als das Deutsche Reich am 8. Mai 1945 vor den Alliierten bedingungslos kapitulierte.

III.

Der Nationalsozialismus, der den Nationalismus radikaler als je ein Regime vor oder nach ihm zur politischen Religion erhob, hat ihn auch, was Deutschland betrifft, gründlich diskreditiert und entlegitimiert. 1945 war eine viel tiefere Zäsur als 1918/19. Das Ausmaß des Zusammenbruchs, die moralische Erschütterung und die alliierte Besetzung hatten einen in der neueren deutschen Geschichte singulären Kontinuitätsbruch zur Folge. Das gilt erst recht, wenn man die Teilung Deutschlands hinzunimmt. Sie hatte ihre unmittelbare Ursache darin, daß sich die vier Siegermächte nicht über die Zukunft des besetzten Landes einigen konnten. Mittelbar war aber auch die Spaltung eine Konsequenz deutscher Politik – der Politik, die zur Machtübertragung an Hitler und dem von ihm entfesselten Zweiten Weltkrieg geführt hatte.

Die Chance, aus den Fehlern von Weimar zu lernen und eine zweite, diesmal funktionstüchtige Demokratie aufzubauen, erhielt nur der westliche Teil Deutschlands. Einen der wesentlichsten Unterschiede zwischen der ersten und der zweiten deutschen Demokratie hat schon 1956, in seinem vielzitierten Buch «Bonn ist nicht Weimar», der Schweizer Publizist Fritz René Allemann scharf herausgearbeitet: Damals waren die Rechte national und die Linke international gewesen; jetzt betrieben die moderaten Kräfte der rechten Mitte unter Adenauer eine Politik der supranationalen Integration, während die gemäßigte Linke, die Sozialdemokratie unter Kurt Schumacher und Erich Ollenhauer, den nationalen Part übernahm und den Vorrang der Wiedervereinigung verfocht.[15]

Die politische Rhetorik der Bundesrepublik blieb freilich, über die fünfziger Jahre hinaus und durchaus lagerübergreifend, national. Adenauer hätte für seine Politik der Westintegration keine Mehrheiten gewonnen, wenn es ihm nicht gelungen wäre, sie als den einzig gangbaren Weg zur Wiedervereinigung Deutschlands darzustellen. Einen allmählichen Bewußtseinswandel bewirkte erst der Bau der Berliner Mauer im August 1961. Die Behauptung, die Westintegration werde zur Wiedervereinigung führen, ließ sich angesichts der buchstäblichen Zementierung der deutschen Teilung kaum noch aufrechterhalten. Von den West-Berliner Sozialdemokraten um Willy Brandt ausgehend, gewann die Einsicht an Boden, daß es ohne eine zumindest faktische Anerkennung der DDR keine menschlichen Erleichterungen für die bislang benachteiligten Deutschen im kleineren deutschen Staat geben könne. Die Wiederherstellung der staatlichen Einheit verlor an Gewicht gegenüber dem Ziel, die Einheit der Nation aufrechtzuerhalten.

Mit der schrittweisen Umorientierung in der Ostpolitik korrespondierend, begann sich in der zweiten Hälfte der sechziger Jahre auch das innere Selbstverständnis der Bundesrepublik zu wandeln: Der westdeutsche Staat verabschiedete sich allmählich von der Vorstellung, nur auf Abruf zu existieren, und richtete sich auf Dauer ein. Im Sommer 1967 löste der Publizist Burghard Freudenfeld mit einem Aufsatz unter dem Titel «Das perfekte Provisorium», der in der katholischen Zeitschrift «Hochland» erschien, eine lebhafte Diskussion aus. Die Identität der Bundesrepublik mit dem Deutschen Reich, in welchen Grenzen auch immer, schließe die Identität mit sich selbst aus, lautete die Haupt-

2. Demokratie und Nation in der deutschen Geschichte 47

these. Die Bundesrepublik werde dadurch zu einem substantiellen, nicht bloß geographischen Torso, und das sei gefährlich. «Man lebt nämlich nicht ohne tiefere Beschädigungen in Surrogaten; die öffentliche Lebenslüge ist für Gemeinschaften nicht weniger gefährlich als für Individuen.»[16]

Positionen wie die von Freudenfeld vertraten zu jener Zeit einige eher liberalkonservative Politikwissenschaftler. Hans Buchheim forderte 1967, «unser Nationalbewußtsein ohne jeden Vorbehalt mit diesem Staat», der Bundesrepublik, zu identifizieren.[17] Waldemar Besson erklärte es 1970 für notwendig, daß die Bundesrepublik auch im Bewußtsein ihrer Bürger als Definitivum anerkannt werde, was die «Entwicklung eines westdeutschen Patriotismus» voraussetze.[18] Bei den Sozialdemokraten hingegen riefen alle Versuche, ein westdeutsches Nationalbewußtsein zu schaffen, scharfen Widerspruch hervor. Helmut Schmidt, damals Fraktionsvorsitzender der SPD im Bundestag, nannte es 1968 in einem Aufsatz für das «Hochland» zwar notwendig und legitim, in der Bundesrepublik das Staatsbewußtsein zu stärken. Es wäre aber, fügte er hinzu, «eine riskante Vergewaltigung der Geschichte unserer Nation, auf den Geltungsbereich dieses Staatsbewußtseins auch das Nationalbewußtsein reduzieren zu wollen. Darum wende ich mich gegen die Flucht in die Idylle einer bundesdeutschen Nation.»[19]

Die Ostverträge der sozialliberalen Koalition unter Willy Brandt und Walter Scheel schufen eine neue Situation: Die Unionsparteien bekämpften den Brückenschlag nach Osten, darunter die faktische Anerkennung der Oder-Neiße-Linie als polnische Westgrenze, mit nationalen Argumenten; die Bayerische Staatsregierung erwirkte im Juli 1973 jenes Urteil des Bundesverfassungsgerichts zum Grundlagenvertrag mit der DDR, das es allen Verfassungsorganen untersagte, die Wiederherstellung der staatlichen Einheit aufzugeben, und sie verpflichtete, in ihrer Politik auf dieses Ziel hinzuwirken. Damit war eine nationalstaatliche Lösung der deutschen Frage in verbindlicherer und restriktiverer Form festgeschrieben, als das 1949 der Parlamentarische Rat in der Präambel zum Grundgesetz getan hatte.

So strittig das Ziel eines deutschen Nationalstaates, ungeachtet des Karlsruher Urteils, blieb, so bestand doch unter den maßgeblichen politischen Kräften der Bundesrepublik weiterhin Konsens, daß es nur *eine* deutsche Nation gebe. Als die SED 1970/71 die bisher auch von ihr beschworene Einheit der Nation aufgab und nunmehr von der DDR als einem «sozialistischen deutschen Nationalstaat» und dem «Prozeß der Herausbildung einer sozialistischen Nation» sprach (so Ulbricht am 17. Dezember 1970), war die Zurückweisung dieser Doktrin in der Bundesrepublik völlig einhellig. Dasselbe galt für die Änderungen, denen die DDR 1974 ihre aus dem Jahre 1968 stammende Verfassung unterzog; seit dem Inkrafttreten der neuen Verfassung am 7. Oktober 1974 war die Deutsche Demokratische Republik nicht mehr ein «sozialistischer Staat deutscher Nation», sondern nur noch ein «sozialistischer Staat der Arbeiter und Bauern». Die These von der Herausbildung einer bürgerlichen und einer sozialistischen deutschen Nation hatte damit auch ihren staatsrechtlichen Niederschlag gefunden.[20]

In der Bevölkerung der DDR hatte dieses Theorem so gut wie keinen Widerhall. Das hinderte einige westdeutsche Sozialwissenschaftler und Historiker nicht, seit den frühen siebziger Jahren die These von der «Bi-Nationalisierung» Deutschlands zu verfechten. Soweit die Bundesrepublik in Frage stand, konnten sie mühelos Belege für ein entwickeltes Staatsbewußtsein ins Feld führen, das sie im Sinne ihrer Prämissen als Nationalbewußtsein deuteten. Im Hinblick auf die DDR sahen sie sich genötigt, die fehlende empirische Evidenz durch höchst subjektive Impressionen und Spekulationen zu ersetzen. Die Asymmetrie der Befunde war offenkundig: In der Bundesrepublik hatte sich eine «Staatsnation» entwickelt, der nichts fehlte als das offizielle Bewußtsein, eine zu sein. Der DDR hingegen fehlte zur «Staatsnation» alles außer dem Anspruch der Offiziellen, eine solche zu vertreten.[21]

In den achtziger Jahren bot die Bundesrepublik, was Haltungen zur deutschen Frage anging, ein verwirrendes Bild. Es gab Konservative, die das Deutsche Reich in den Grenzen von 1937 beschworen, aber dabei nur an bestimmte Wählergruppen wie die Heimatvertriebenen und nicht an die Überwindung der deutschen Teilung dachten. Auf der anderen Seite des politischen Spektrums, bei den Sozialdemokraten, formte sich eine Art «Zweistaatlichkeits-Nationalismus» heraus, der die deutsch-deutsche Koexistenz beibehalten, aber im Zeichen eines spezifisch «deutschen Interesses» an Stabilität und Entspannung zur sicherheitspolitischen Konvergenz fortentwickeln wollte. Daneben wurde rechts wie links der Mitte die postnationale Position vertreten, die der Bonner Politikwissenschaftler Karl Dietrich Bracher erstmals 1976 formuliert hatte: Er bezeichnete die Bundesrepublik als «postnationale Demokratie unter Nationalstaaten».[22] Wer so argumentierte, sah in der Postnationalität kein Defizit, sondern eine Chance: Gerade weil sie kein Nationalstaat war, schien die Bundesrepublik in besonderem Maß dazu berufen, ein Motor der fortschreitenden supranationalen Integration Westeuropas zu sein.

Die deutsche Einheit kam, als im Westen Deutschlands kaum noch jemand mit ihr rechnete. Sie wurde möglich, weil die Sowjetunion sich von der Breschnew-Doktrin, der Lehre von der eingeschränkten Souveränität der sozialistischen Staaten, verabschiedet hatte und wohl auch nicht stark genug war, das Unabhängigkeits- und Freiheitsstreben bei ihren Verbündeten nachhaltig zu unterdrücken. Als die DDR sich 1989 in einen potentiellen internationalen Krisenherd verwandelte, konnte die Zweiteilung Deutschlands auch nicht mehr die Funktion erfüllen, die ihr in den Jahrzehnten zuvor zugefallen war: ein Unterpfand zu sein für das Gleichgewicht zwischen Ost und West und damit eine Bedingung für die relative Stabilität in Europa. Zu stabilisieren war die Lage in der DDR nur noch durch Abschaffung der DDR und ihre Vereinigung mit der Bundesrepublik: Das war das Ergebnis der «friedlichen Revolution», so wie sie sich bis zur ersten und letzten freien Volkskammerwahl vom 18. März 1990 entwickelt hatte.

Auf das vereinigte Deutschland trifft Brachers Formel von der «postnationalen Demokratie unter Nationalstaaten» nicht mehr zu. Die neue Bundesrepublik ist ein demokratischer Nationalstaat unter anderen – freilich kein souveräner Nationalstaat der klassischen Art mehr wie einst das Deutsche Reich, sondern ein postklassischer Nationalstaat, sozusagen a priori eingebunden in supranationale Gemeinschaften wie die Europäische Union und das atlantische Bündnis. Anders als die Weimarer Republik ist die Berliner Republik, die jetzt entsteht, auch keine ungelernte Demokratie mehr: Sie kann auf die Erfahrungen von vier Jahrzehnten des gelebten Parlamentarismus in der Bonner Demokratie zurückgreifen. Die neue Bundesrepublik ist mithin frei von jenem Erbe des Bismarckreiches, an dem der erste deutsche Nationalstaat letztlich gescheitert ist: der historischen Verschleppung der Freiheitsfrage.

Bei allen Unterschieden gibt es aber auch Kontinuitäten zwischen dem ersten und dem zweiten deutschen Nationalstaat: Als Bundes-, Rechts- und Sozialstaat steht das vereinte Deutschland in einer Tradition, die älter ist als die 1918/19 geschaffene Demokratie. Noch augenscheinlicher ist eine räumliche, den Geltungsbereich des Begriffs «deutsche Nation» bestimmende Kontinuität: Im Jahr 1990 ist nochmals die kleindeutsche Lösung von 1866, der Ausschluß Österreichs, bestätigt worden. Ein noch größeres Deutschland wäre 1871 für das übrige Europa unerträglich gewesen. 1990 war die Festschreibung eines erheblich kleineren deutschen Staatsgebietes eine der Vorbedingungen dafür, daß die vier Siegermächte des Zweiten Weltkriegs und

2. Demokratie und Nation in der deutschen Geschichte

die europäischen Nachbarn der Vereinigung Deutschlands zustimmten.

Die alte Bundesrepublik hat sich im Lauf der Jahrzehnte gegenüber der politischen Kultur des Westens weit geöffnet – mehr noch: diese Kultur verinnerlicht. Das gilt heute zu Recht als eine der großen Leistungen der Bonner Republik. Doch die Berliner Republik kann sich damit nicht zufriedengeben. Denn die Verwestlichung ist solange ein unvollendetes Projekt, als sie nicht auch den deutschen Begriff von Nation erfaßt hat. Nationszugehörigkeit ist in Deutschland immer noch in höherem Maße, als das auch in anderen westlichen Demokratien der Fall ist, eine Frage der Abstammung und weniger eine des Willens, zur Nation zu gehören. Auf dem Weg von der Abstammungs- zur Abstimmungsgemeinschaft, von der objektiv zur subjektiv definierten Nation, hat Deutschland noch eine längere Wegstrecke zurückzulegen als manche seiner europäischen Nachbarn.

Eine Verwestlichung, Modernisierung, Demokratisierung des deutschen Begriffs von Nation: das ist eine der Herausforderungen, vor die das vereinte Deutschland gestellt ist. Eine andere ist, als Antwort auf die wechselseitige Entfremdung von Ost- und Westdeutschen in vier Jahrzehnten staatlicher Trennung, die Neubildung der deutschen Nation. Wenn die neue Bundesrepublik beide Aufgaben als die zwei Seiten einer Medaille begreift, könnte sich zwischen Demokratie und Nation in Deutschland ein anderes Verhältnis entwickeln als in der Vergangenheit: eine Beziehung, die die Deutschen umfassend und auf Dauer mit der politischen Kultur des Westens verbindet.

3.

VOM KAISERREICH ZUR REPUBLIK

Der historische Ort der Revolution von 1918/19

Die deutsche Revolution von 1918/19 gehört nicht zu den großen Revolutionen der Weltgeschichte: Darüber besteht in der Wissenschaft Konsens. Übereinstimmung gibt es auch darin, daß der Begriff «Zusammenbruch» nicht ausreicht, um die Ereignisse von 1918/19 angemessen zu beschreiben. Der Umsturz vom November 1918 *trug* revolutionäre Züge, und dasselbe gilt von den großen Streiks des Frühjahrs 1919 und den blutigen Kämpfen nach dem Kapp-Lüttwitz-Putsch an der Ruhr ein Jahr später, mit denen die Revolutionsperiode definitiv endete. Umstritten sind hingegen nach wie vor Handlungsspielräume und Alternativen in der Revolution von 1918/19 und, eng damit verbunden, die Frage, ob diese Revolution im Rückblick als gescheitert zu betrachten ist.[1]

Die Feststellung, daß die Umwälzung von 1918/19 nicht bloß ein «Zusammenbruch» war, besagt natürlich nicht, daß wir auf diesen Begriff verzichten können. Vielmehr ist es wichtig, sich klar zu machen, was damals zusammengebrochen ist und was nicht. Max Weber hat nach dem Ersten Weltkrieg mit Blick auf Deutschland bemerkt, die «Geschichte des Zusammenbruchs der bis 1918 legitimen Herrschaft» habe gezeigt, «wie die Sprengung der Traditionsgebundenheit durch den Krieg einerseits und den Prestigeverlust durch die Niederlage andererseits in Verbindung mit der systematischen Gewöhnung an illegales Verhalten in *gleichem* Maß die Fügsamkeit in die Heeres- und Arbeitsdisziplin erschütterten und so den Umsturz der Herrschaft vorbereiteten». Der soziologische Befund läßt sich in der

3. Vom Kaiserreich zur Republik

These bündeln, daß das deutsche Kaiserreich im Herbst 1918 die «heute geläufigste Legitimitätsform», nämlich den «Legalitätsglauben», weitgehend eingebüßt hatte – eine Herrschaftsressource, die der gleiche Autor als «Fügsamkeit gegenüber *formal* korrekt und in der üblichen Form zustandegekommenen Satzungen» definiert.

Die Aushöhlung überlieferter Wertmaßstäbe durch den Krieg, die immer deutlicher sich abzeichnende militärische Niederlage der Mittelmächte und die Ausdehnung «schwarzer Märkte» als Folge des wirtschaftspolitischen Systemversagens: so läßt sich die Trias von Faktoren umreißen, die Webers prägnanter Analyse zufolge den Zusammenbruch des Kaiserreiches verursachten. Die Inkarnation des alten Systems war der Kaiser. Er trug, so sahen es die breiten Massen, die oberste Verantwortung für die Dauer und den katastrophalen Ausgang des Krieges wie für die materiellen Entbehrungen des Volkes. Wilsons «Vierzehn Punkte» hatten den Glauben genährt, daß Deutschland auf einen gerechten Frieden hoffen durfte, wenn es sein politisches System demokratisierte. Die Sehnsucht nach Frieden förderte also den Wunsch nach Demokratie. Hinter diesen beiden Zielen stand im Herbst 1918 eine breite Mehrheit: Sie bildeten den Kern eines zwar nicht allumfassenden, aber doch klassen- und konfessionsübergreifenden Konsenses am Vorabend des 9. November 1918.

Da Wilhelm II. nicht abdanken wollte, war am Ende auch die Institution der Monarchie nicht mehr zu retten – in Preußen so wenig wie in den anderen deutschen Staaten. Aber wesentliche Elemente des alten Systems standen nie zur Disposition. Das gilt in erster Linie für den Beamtenapparat. Das «glatte Weiterfunktionieren des alten Verwaltungsstabes und die Fortgeltung seiner Ordnungen unter den neuen Gewalthabern» hatte, wie Max Weber richtig beobachtete, seinen Grund nicht nur im Eigeninteresse der Beamten, sondern auch darin, «daß die Außerbetriebsetzung der Verwaltung unter den derzeitigen Bedingungen einen Zusammenbruch der Versorgung der gesamten Bevölkerung (einschließlich: der Beamten selbst) mit den elementarsten Lebensbedürfnissen bedeutet haben würde.»

In den «neuen Verwaltungsstäben» der Arbeiter- und Soldatenräte, die während des Umsturzes entstanden, sah Weber ein Stück charismatischer Herrschaft verwirklicht, was aber keineswegs die Ausschaltung der Bürokratie zur Folge hatte. «Nur durch Erhebung charismatischer Führer gegen die legalen Vorgesetzten und durch Schaffung charismatischer Gefolgschaften war die Enteignung der Macht der alten Gewalten möglich und durch Erhaltung des Fachbeamtenstabes auch technisch die Behauptung der Macht durchführbar. Vorher scheiterte gerade unter den modernen Verhältnissen jede Revolution hoffnungslos an der Unentbehrlichkeit der Fachbeamten und dem Fehlen eigener Stäbe.»[2]

Die Aufrechterhaltung eines hohen Maßes an administrativer Kontinuität als Bedingung *und* Schranke der deutschen Revolution von 1918/19: Max Weber hat mit seiner paradox anmutenden These ein Erklärungsmodell entworfen, das weit über *diese* Revolution hinausweist. Unter den Zeitgenossen Webers, die um dieselbe Zeit zu ganz ähnlichen Erkenntnissen gelangten, ragt Eduard Bernstein heraus. In seinem 1922 erschienenen, heute fast völlig vergessenen Buch über die deutsche Revolution hat der Vater des sozialdemokratischen Revisionismus zwei Gründe dafür genannt, daß diese Revolution einen sehr gemäßigten Charakter hatte: den Grad der Industrialisierung und den Grad der Demokratisierung Deutschlands. Je komplexer Gesellschaften seien, desto schwerer sei es, sie binnen kurzer Zeit radikal umzubilden. Außerdem habe es 1918 in Deutschland bereits ein vergleichsweise hohes Maß an politischen Teilhaberechten gegeben – mit der Folge, daß damals nur eine Erweiterung, nicht aber eine Beschränkung bestehender Freiheiten auf der Tagesordnung stehen konnte.[3]

Eine Erweiterung bestehender Freiheiten, das hieß 1918 vor allem dreierlei: erstens Abschaffung des preußischen

Dreiklassenwahlrechts und seine Ersetzung durch das allgemeine Wahlrecht, zweitens Ausweitung des allgemeinen gleichen Wahlrechts für Männer im Reich, das Bismarck bereits 1866 für die Wahlen zum Reichstag des Norddeutschen Bundes durchgesetzt hatte, auf die Frauen, drittens Einführung einer parlamentarisch verantwortlichen Regierung. «Im Prinzip» waren diese Ziele am 9. November 1918 schon erreicht: die Parlamentarisierung durch die Änderung der Reichsverfassung am 28. Oktober und die Änderungen des Wahlrechts durch Vereinbarungen der Mehrheitsparteien des Reichstags – Mehrheitssozialdemokraten, katholisches Zentrum und linksliberale Fortschrittliche Volkspartei – am 8. November 1918. Doch das eigenmächtige Vorgehen des Kaisers, der Seekriegsleitung und der Armee in den Tagen nach der Verfassungsreform machte deutlich, daß das neue parlamentarische System nur auf dem Papier stand, und die interfraktionellen Abmachungen vom 8. November kamen zu spät, um am Ablauf der Ereignisse noch etwas zu ändern.

Die Revolution von unten brach aus, weil die Revolution von oben, in Gestalt der Oktoberreformen, gescheitert war – gescheitert an einer militärischen Konterrevolution, die ihren Höhepunkt erreichte, als die Seekriegsleitung am 30. Oktober der Hochseeflotte den Befehl erteilte, gegen England auszulaufen. Die Weigerung der Matrosen, diesen Befehl zu befolgen, wurde zum Auftakt des Umsturzes. Am 1. November griff die Rebellion auf das Land über. Arbeiter schlossen sich den Matrosen an. Am 7. November stürzte der erste Thron, der bayrische. Zwei Tage später rief der Mehrheitssozialdemokrat Philipp Scheidemann in Berlin die Deutsche Republik aus.

Zwischen dem Sturz der Monarchie und der Wahl der Verfassunggebenden Nationalversammlung vergingen nur zehn Wochen. Die Entscheidung, möglichst bald eine Konstituante zu wählen, lag in der Logik der deutschen Verfassungsentwicklung. Die Sozialdemokraten, vor 1914 die engagiertesten Anwälte einer Demokratisierung Deutschlands, hätten ihre politische Glaubwürdigkeit verloren, wären sie jetzt von diesem Ziel abgerückt. Die Mehrheitssozialdemokraten, die dem Reich bis zuletzt Kriegskredite bewilligt hatten und im Oktober 1918 sogar in die erste parlamentarische Reichsregierung, das Kabinett des Prinzen Max von Baden, eingetreten waren, plädierten von Anfang an für einen Wahltermin im Januar 1919. Die unabhängigen Sozialdemokraten, die sich 1916/17 aus Opposition gegen die Kriegskredite von der Mutterpartei getrennt hatten und seit dem 10. November zusammen mit den Mehrheitssozialdemokraten im Rat der Volksbeauftragten, der Revolutionsregierung, saßen, strebten einen etwas späteren Termin, etwa im April oder Mai 1919, an. Die Zwischenzeit wollten sie nutzen, um durch vorbeugende Maßnahmen in Verwaltung und Wirtschaft die Demokratie zu sichern und die Chancen für weitere Schritte in Richtung Sozialismus zu verbessern. Auf dem ersten Kongreß der Arbeiter- und Soldatenräte Deutschlands setzte sich jedoch am 19. Dezember 1918 die mehrheitssozialdemokratische Richtung durch: Mit großer Mehrheit stimmten die Delegierten dafür, die Wahlen zur Verfassunggebenden Nationalversammlung am 19. Januar 1919 durchzuführen.

Es gab gute Gründe für diese Entscheidung: Je später die Wahlen stattfanden, desto mehr wuchs das Risiko gewaltsamer Umsturzversuche. Wer diese Gefahr realistisch einschätzte, mußte dem Volkssouverän rasch zu seinem Recht verhelfen. Doch auch innerhalb der kurzen Frist, die dem Rat der Volksbeauftragten blieb, hätten vorbeugende Reformen, wie sie die gemäßigten Führer der USPD befürworteten, durchgesetzt werden können: erste Schritte zur Demokratisierung der Verwaltung, zur Schaffung eines republikloyalen Militärwesens, zur öffentlichen Kontrolle wirtschaftlicher Macht – möglicherweise bis hin zur Überführung der Montanindustrie in Gemeineigentum. Nach Meinung der Mehrheitssozialdemokraten bedurften aber einschneidende Maßnahmen eines demokratischen Mandats, und das hatten ihnen die Wähler noch nicht erteilt. Die MSPD unterschätzte überdies die Gefahren, die der Republik von rechts, vor allem von seiten des hohen Militärs, drohten.

Die vordringlichsten Probleme der Übergangszeit zu lösen: das hatte für die Volksbeauftragten aus den Reihen der Mehrheitssozialdemokratie absolute Priorität. Es kam für sie daher vor allem darauf an, den Zusammenhalt des Reiches zu sichern, die Soldaten des Westheeres geordnet in die Heimat zurückzuführen, die Wirtschaft schnell in Gang zu setzen, ein Abgleiten Deutschlands ins allgemeine Chaos und am Ende in «russische Zustände» zu verhindern und mit alldem die Voraussetzungen für baldige freie Wahlen zu gewährleisten. Sie bewältigten diese Aufgaben eindrucksvoll, und das war eine große Leistung. Doch als Gründerväter einer Demokratie fühlten sie sich nicht. Sie begnügten sich vielmehr mit einer Rolle, die Friedrich Ebert, der Vorsitzende des Rates der Volksbeauftragten, am 6. Februar 1919 in seinem Rechenschaftsbericht vor der Nationalversammlung mit den Worten umschrieb: «Wir waren im eigentlichen Wortsinn die Konkursverwalter des alten Regimes.»[4]

Die Politik der Mehrheitssozialdemokraten in der revolutionären Übergangsphase zwischen November 1918 und Januar 1919 ist eines der umstrittensten Kapitel der neueren deutschen Geschichte. In der «alten» Bundesrepublik galt zunächst eine These des Kieler Historikers Karl Dietrich Erdmann aus dem Jahr 1955 als «herrschende Lehre»: Es sei 1918/19 um eine klare Alternative gegangen, nämlich entweder «die soziale Revolution im Bündnis mit den auf eine proletarische Revolution hindrängenden Kräften oder die parlamentarische Republik im Bündnis mit den konservativen Kräften wie dem alten Offizierskorps».[5]

Seit Mitte der sechziger Jahre gewann jedoch eine andere Deutung an Boden. Ähnlich wie bereits 1935 der unabhängige Marxist (und ehemalige kommunistische Reichstagsabgeordnete) Arthur Rosenberg in seiner «Geschichte der ersten deutschen Republik» argumentierten nun jüngere Historiker, unter ihnen Eberhard Kolb, Peter von Oertzen und Reinhard Rürup, die Alternative zur «Weimarer Lösung» habe schon deswegen nicht in einem Pakt mit den Kommunisten liegen können, weil diese in den ersten Monaten nach Kriegsende und lange darüber hinaus noch keine Massenbasis hatten. Vielmehr sei es um grundlegende Änderungen der Machtverhältnisse gegangen – um Änderungen, die mit Hilfe der anfangs überwiegend sozialdemokratisch orientierten Arbeiter- und Soldatenräte durchzusetzen gewesen wären, wenn die Führer der Mehrheitssozialdemokraten dies nur wirklich gewollt hätten.[6]

Inzwischen ist die wissenschaftliche Debatte weitergegangen. Behauptet hat sich eine «revisionistische» Kernthese: Der Handlungsspielraum der regierenden Sozialdemokraten war größer, als sie meinten. Sie hätten folglich bei stärkerem politischen Gestaltungswillen mehr verändern können und weniger bewahren müssen. Bei der unvermeidbaren Zusammenarbeit mit Trägern des alten Regimes hätten sie selbstbewußt auf ihrem politischen Führungsanspruch beharren müssen. Die Bedeutung der Rätebewegung wird dagegen heute erheblich geringer veranschlagt als vor dreißig Jahren. Die Räte hätten bei der Durchsetzung einer aktiven Reformpolitik behilflich sein können; ein selbständiger Machtfaktor waren sie indes, solange sie sich an der Sozialdemokratie orientierten, nicht. Infolgedessen können die deutschen Arbeiter- und Soldatenräte auch nicht zu Verfechtern eines «dritten Weges» zwischen parlamentarischem System und Basisdemokratie hochstilisiert werden. Von der Minderheit, die das «reine Rätesystem» wollte, hat man das ohnehin nie behaupten können. Und das «Charisma», das Max Weber einigen Räteführern glaubte bescheinigen zu können, hat sich, soweit es denn vorhanden war, ungewöhnlich rasch verflüchtigt.

Auf viel Skepsis stößt mittlerweile auch die ehedem weitverbreitete Ansicht, ein Mehr an präventiven Eingriffen in den ersten Wochen nach dem Novemberumsturz hätte der Republik später das Überleben gesichert. Selbst wenn, was möglich und wünschenswert war, offen republikfeindliche Beamte und Richter in größerer Zahl aus ihren Ämtern entfernt worden wären: auswechseln ließen sich Bürokratie und Justiz nicht. Wer ihnen oder gar der «Bourgeoisie» insgesamt den Kampf ansagte, mußte konsequenterweise den Bürgerkrieg zum politischen Programm erheben. Das taten die Kommunisten. Die Demokraten aller Couleurs *konnten* es nicht tun, weil sie eine parlamentarische Demokratie erstrebten, und die setzte die Bereitschaft zur Zusammenarbeit zwischen den gemäßigten Kräften in Arbeiterschaft und Bürgertum voraus.

Die marxistische Vorkriegssozialdemokratie wäre zu einem derartigen «Klassenkompromiß» nicht bereit gewesen, weil er dem Dogma vom Klassenkampf widersprach. Wenn die Einheit der Partei nicht am Streit um die Kriegskredite zerbrochen wäre, dann an einem Eintritt von Sozialdemokraten in ein Koalitionskabinett (wobei man hinzufügen sollte, daß die Trennungslinie in diesem Fall nicht völlig mit derjenigen zwischen MSPD und USPD übereingestimmt hätte). Die Spaltung der «marxistischen» Arbeiterbewegung war also, so paradox das klingen mag, von Anfang an beides: eine schwere Vorbelastung *und* eine Vorbedingung der ersten deutschen Demokratie.

Die politische Zusammenarbeit zwischen Mehrheitssozialdemokraten und bürgerlichen Mittelparteien, die im Krieg begonnen hatte, brach auch nach dem 9. November 1918 nicht ab. «Bürgerliche» Staatssekretäre fungierten unter der oft nur formalen Aufsicht des Rates der Volksbeauftragten, ausgeübt durch «Beigeordnete» aus den Reihen der beiden sozialdemokratischen Parteien, als die tatsächlichen Ressortchefs. Für Friedrich Ebert und seine politischen Freunde war nicht zweifelhaft, daß ihre Partei auch dann auf die Mitwirkung der gemäßigten Kräfte des Bürgertums angewiesen sein würde, wenn MSPD und USPD bei den Wahlen zur Konstituante eine Mehrheit der Mandate erobern sollten. Die Kapazitäten an Sachverstand, über die die beiden Arbeiterparteien verfügten, reichten bei weitem nicht aus, um eine effektive Regierungsarbeit zu gewährleisten. Und den Aufbau einer Demokratie unter Ausschluß des Bürgertums konnte nur propagieren, wer in Wirklichkeit etwas anderes wollte: eine «Diktatur des Proletariats».

Unter dem Mantel einer «Diktatur des Proletariats» aber konnte sich, wie das russische Beispiel lehrte, eine ganz andere Herrschaftsform verbergen: die Diktatur einer Avantgarde von Berufsrevolutionären über das Proletariat und die Gesellschaft insgesamt. Bei der Zerschlagung der freigewählten Konstituante im Januar 1918 hatten die Bolschewiki aller Welt vor Augen geführt, was eine Minderheit vermochte, die das «richtige Bewußtsein» mit dem Willen zur Macht verband. Die deutschen Gefolgsleute der Bolschewiki waren zwar sehr viel schwächer als ihr russisches Vorbild, aber dennoch von dem Gedanken fasziniert, dem Beispiel Lenins nachzueifern. Als Karl Liebknecht, der Führer der neugegründeten Kommunistischen Partei Deutschlands, am 5. Januar 1919 die Parole «Sturz der Regierung Ebert-Scheidemann» ausgab, war dies das Signal zu dem Versuch, die Wahlen zur Verfassunggebenden Nationalversammlung gewaltsam zu verhindern. Die Volksbeauftragten *mußten* diesen Versuch, der unter dem fragwürdigen Namen «Spartakusaufstand» in die Geschichte eingegangen ist, mit Waffengewalt niederschlagen. Sie hätten sich andernfalls zu Erfüllungsgehilfen des Putsches gemacht und damit die Verantwortung für einen Bürgerkrieg übernommen, der nach Lage der Dinge sofort die Alliierten auf den Plan rufen, also in einen neuen europäischen Krieg umschlagen mußte.

Eine andere Verantwortung lastet dagegen auf dem Rat der Volksbeauftragten, der seit dem 28. Dezember 1918 nur noch aus Mehrheitssozialdemokraten bestand, und vor allem auf *einem* seiner Mitglieder, Gustav Noske: die Verantwortung für die blutigen Exzesse bei der Niederwerfung des Januaraufstandes. Die Gewalttaten wurden von rechtsgerichteten Freikorps begangen, zu deren Bildung die Volksbeauftragten aufgerufen hatten, weil ihnen die wenigen republikloyalen Formationen, über die sie verfügten, zu schwach erschienen. Unter den sozialdemokratischen Unterlassungen in den ersten Wochen nach dem 9. November 1918 wiegen die militärpolitischen Versäumnisse besonders schwer. Eberts Vertrauen in die Loyalität der Obersten Heeresleitung schien unbegrenzt; realistische Reformforderungen der Soldatenräte stießen bei ihm dagegen auf taube Ohren.

Doch zu den Fehlern der sozialdemokratischen Führer kam ein Versagen der «Basis». Nur sehr wenige Arbeiter waren bereit, notfalls mit der Waffe in der Hand gegen putschende Klassenbrüder anzutreten. Die Freikorps füllten ein Vakuum, das nicht nur aus politischen Entscheidungen, sondern auch aus sozialen Mentalitäten erwachsen war. Ein tiefverwurzelter Antimilitarismus traf sich mit dem Gefühl einer parteiübergreifenden Klassensolidarität. An dieses Gefühl hatte der sozialdemokratische «Vorwärts» am 10. November 1918 ganz bewußt appelliert, als er mit der berühmt gewordenen Schlagzeile «Kein Bruderkampf!» erschien.

Mit den Wahlen zur Verfassunggebenden Nationalversammlung am 19. Januar 1919 endete die Zeit des revolutionären Interregnums. Die beiden sozialdemokratischen Parteien blieben, trotz deutlicher Gewinne der MSPD, mit zusammen 45,5 % unterhalb der absoluten Mehrheit. Die Bildung der «Weimarer Koalition» aus Mehrheitssozialdemokraten, Zentrum und Deutscher Demokratischer Partei, der Erbin der Fortschrittlichen Volkspartei, entsprach dem Muster politischer Zusammenarbeit, das sich im Krieg herausgeformt hatte. Eine antikapitalistische Mehrheit ließ sich aus dem Wahlergebnis nicht herauslesen. Dennoch wäre die

Position der MSPD stark genug gewesen, eine Vergesellschaftung des Steinkohlenbergbaus durchzusetzen, wie sie die im Dezember 1918 berufene Sozialisierungskommission vorschlug. Die wichtigste Voraussetzung hierfür aber fehlte: die Einsicht in die politische Vordringlichkeit einer solchen Maßnahme.

Von den Machteliten des Kaiserreichs waren, abgesehen vom Militär, zwei besonders massiv gegen jedwede Art von Demokratisierung aufgetreten: die ostelbischen Rittergutsbesitzer und die Schwerindustriellen. Eine Bewegung zur Enteignung oder Aufteilung des landwirtschaftlichen Großbesitzes gab es 1918/19 nicht, wohl aber eine breite Bewegung zur Sozialisierung des Bergbaus. Sie begann in der zweiten Dezemberhälfte 1918 und wurde im Januar 1919 zu einem mächtigen Strom. Mit den großen Streiks vom Frühjahr 1919 an der Ruhr und in Mitteldeutschland trat die deutsche Revolution in ihre zweite Phase ein. Diese Phase stand, anders als die erste, nicht mehr im Zeichen eines breiten klassenübergreifenden Konsenses. Die soziale Basis der revolutionären Bewegung war in diesem Stadium enger, nämlich proletarisch, ihr Charakter radikaler als in den ersten Wochen nach dem Sturz der Monarchie. Die Sozialisierungsbewegung wollte die Eigentumsordnung in einem Schlüsselsektor grundlegend ändern, und zwar *nicht* im Sinne einer simplen Verstaatlichung. Vielmehr sollten Betriebsräte den Grund für eine Wirtschaftsdemokratie legen, wobei die Vorstellungen der Akteure von der Mitbestimmung der Arbeiter und der öffentlichen Kontrolle weit auseinandergingen.

Die Radikalisierung im Frühjahr 1919 war eine Folge der Unzufriedenheit mit den Ergebnissen der ersten Phase der Revolution. An den gesellschaftlichen Machtverhältnissen hatte sich bislang nur wenig geändert, und das wollten Teile der Arbeiterschaft ohne Rücksicht auf parlamentarische Mehrheitsverhältnisse ändern. Der tatsächliche Ertrag der außerparlamentarischen Aktionen war bescheiden. Die Eigentumsordnung blieb, wie sie war, und was an industrieller Mitbestimmung verwirklicht wurde, blieb hinter den Erwartungen nicht nur der radikalen Linken, sondern auch vieler Mehrheitssozialdemokraten zurück. Wo immer extreme Kräfte lokale Umsturzversuche unternahmen, wurden sie von Freikorps und regulärem Militär mit exzessiver Gewalt niedergeworfen. Die Mißachtung des Mehrheitswillens durch die äußerste Linke gab radikalen Kräften von rechts Auftrieb, die mit der Linken zugleich die vermeintliche Ursache ihres Erstarkens, die Demokratie, bekämpften. Die beiden Münchner Räterepubliken vom April 1919, die anarchistische und die kommunistische, sind das eindringlichste Beispiel dieses Kausalzusammenhangs. Die bayrische Hauptstadt wurde nicht zufällig zu dem Ort, von dem die extremste der antidemokratischen Bewegungen von rechts ihren Ausgang nahm. Das Trauma der Räteherrschaft war der Nährboden der frühen Erfolge Hitlers.

Mit der Niederwerfung der zweiten Münchner Räterepublik am 3. Mai 1919 endete die zweite Phase der deutschen Revolution. Ihr Kennzeichen war ein unüberbrückbarer Dissens über die Grundfragen der politischen und gesellschaftlichen Ordnung. Zugespitzt wird man sagen können, daß ein Übermaß an Konsens in der ersten Phase den Dissens der zweiten Phase hervorgebracht hat. Die «Zentralarbeitsgemeinschaft der industriellen und gewerblichen Arbeitgeber- und Arbeitnehmerverbände Deutschlands», das Ergebnis des «Stinnes-Legien-Abkommens» vom 15. November 1918 (benannt nach einem führenden Unternehmer und dem Vorsitzenden der Generalkommission der Freien Gewerkschaften), ist geeignet, diese These zu belegen.

Gewerkschaften und Arbeitgeberverbände verständigten sich an jenem Tag auf eine organisierte Zusammenarbeit, das Prinzip der Parität von Kapital und Arbeit, die wechselseitige Anerkennung als Tarifpartner und die Einführung des Achtstundentages (wobei dieses Zugeständnis der Unternehmer nur dann von Dauer sein sollte, wenn die neue Arbeitszeitregelung international eingeführt wurde). Vordergründig war das ein großer Erfolg der Gewerkschaften. Doch für die Unternehmer bedeutete das Arrangement eine Rückversicherung gegen die Änderung der bestehenden Eigentumsverhältnisse. Die Sozialisierungsbewegung richtete sich daher nicht nur gegen die Unternehmer, sondern auch gegen die Gewerkschaften, die ihrerseits in den Betriebsräten eine gefährliche Konkurrenz sahen. Die allzu große Nähe der etablierten Interessenvertretungen von Kapital und Arbeit wirkte mithin kontraproduktiv: Der zurückgestaute soziale Konflikt suchte sich neue, revolutionäre Ausdrucksformen.

Mit dem Mai 1919 trat die deutsche Revolution, wie man rückblickend sagen kann, in ihre Latenzphase. In den Vordergrund rückten nun die Auseinandersetzungen um Annahme oder Ablehnung des Versailler Vertrags. Ein Nein der Verfassunggebenden Nationalversammlung hätte revolutionäre Konsequenzen gehabt – freilich eher national- als sozialrevolutionäre Konsequenzen. Am Ausgang eines solchen Abenteuers kann es keinen Zweifel geben: Deutschland wäre von den Alliierten besetzt worden.

Die Annahme des Friedensvertrags ersparte Deutschland dieses Schicksal. Doch eine innere Befriedung konnte der Friedensvertrag schon deswegen nicht bringen, weil die Kriegsschuldfrage geradezu systematisch aus dem Bewußtsein verdrängt worden war. Die Weigerung der demokratischen Kräfte, darunter der Sozialdemokraten, offen über die mittlerweile aktenkundige Kriegsverantwortung des kaiserlichen Deutschland zu sprechen, machte sie wehrlos gegenüber den Propagandisten der Kriegsunschuldlegende, der Zwillingsschwester einer anderen Legende der deutschen Rechten: der Behauptung, daß die deutsche Niederlage die Folge eines marxistischen Dolchstoßes in den Rücken des «im Felde unbesiegten Heeres» gewesen sei. Ein moralischer Bruch mit dem Kaiserreich konnte unter diesen Umständen nicht stattfinden.

Seit dem Sommer 1919 schien sich in Deutschland eine gewisse politische Beruhigung abzuzeichnen. Mit der Unterzeichnung des Vertrags von Versailles am 28. Juni und der Verabschiedung der Weimarer Reichsverfassung am 31. Juli lagen die äußeren und inneren Rahmenbedingungen zunächst einmal fest. Aber der Schein trog. In der Reichswehr und in den Kreisen des ostelbischen Rittergutsbesitzes gab es starke Kräfte, die auf eine Revision beider Entscheidungen drängten: des «Diktats» der Sieger und der verfassungsmäßigen Grundlagen der Republik. Der Kapp-Lüttwitz-Putsch vom März 1920, benannt nach dem ostpreußischen Generallandschaftsdirektor Wolfgang Kapp und dem Kommandierenden General des Reichswehr-Gruppenkommandos in Berlin, Walther Freiherr von Lüttwitz, war der erste große Umsturzversuch von rechts. Er scheiterte an der mangelnden Unterstützung innerhalb des staatlichen Apparates und in der Bevölkerung. Der Generalstreik, mit dem Gewerkschaften und Arbeiterparteien auf den Putsch antworteten, trug zum kläglichen Ausgang des Unternehmens bei, schlug aber danach an der Ruhr in einen Umsturzversuch der äußersten Linken um.

Der Ruhraufstand war die größte proletarische Erhebung der deutschen Geschichte und zugleich die letzte der Massenbewegungen, die mit den wilden Streiks des Jahres 1917 begonnen hatten.[7] Die Revolution war, ausgelöst durch den Kapp-Lüttwitz-Putsch, noch einmal aus ihrer Latenz herausgetreten, aber mit einem ähnlichen Mißerfolg wie die offene Konterrevolution. Auf einen breiten Konsens der republikanischen Kräfte konnte sich die Abwehr des Putsches nur bis zur Kapitulation von Kapp und Lüttwitz stützen. Der Versuch der Freien Gewerkschaften, im Frühjahr 1920 nachzuholen, was sie und die Mehrheitssozialdemokraten im Spätjahr 1918 versäumt hatten, schlug weitgehend fehl. Am Ruhraufstand beteiligten sich zwar anfangs auch sozialdemokratische Arbeiter, aber die Führung lag bei Linkskommunisten und Anarchosyndikalisten, was entscheidend zur fortschreitenden Isolierung und Spaltung der Erhebung beitrug. Der Sieger dieser dritten und letzten Phase der Revolution war die Reichswehr. Mit der Niederwerfung der Roten Ruhrarmee stieg sie definitiv zur wichtigsten inneren Ordnungsmacht auf.

Auf der Reichsebene drängt sich also als erstes Fazit die Feststellung auf, daß die Grundentscheidungen der ersten Phase nicht mehr wesentlich korrigiert worden sind. Die erste Phase, die geprägt war von einem relativ breiten Konsens über die Notwendigkeit von Frieden und Demokratie, war weniger «revolutionär» in Zielen und Mitteln als die folgenden Phasen, aber dafür um so «formativer»: im Sinne der Schaffung der Grundlagen, auf denen Weimar beruhte. In der zweiten und dritten Phase artikulierte sich vor allem sozialer Protest gegen das, was aus der Sicht wachsender Teile der Arbeiterschaft als Defizit der ersten Phase erschien. Aber mehrheitsfähig war dieser Protest zu keiner Zeit.

Was die Mehrheit der deutschen Gesellschaft wollte, schlug sich in Wahlen nieder: auf Reichsebene erstmals am 19. Januar 1919 bei den Wahlen zur Verfassunggebenden Nationalversammlung und das zweite Mal bei der Reichstagswahl vom 6. Juni 1920. Bei der ersten Wahl hatten die Parteien der späteren Weimarer Koalition eine Zweidrittelmehrheit erobern können; bei der zweiten Wahl erreichten diese Parteien nicht einmal mehr die absolute Mehrheit. Die eigentlichen Gewinner waren links die Unabhängigen Sozialdemokraten und rechts Stresemanns Deutsche Volkspartei und die monarchistische Deutschnationale Volkspartei. Parlamentarische Mehrheitsregierungen waren fortan nur noch möglich, wenn sich Parteien daran beteiligten, die im Juli 1919 gegen die Weimarer Verfassung gestimmt hatten. Eine politische Stabilisierung der Weimarer Republik war zunächst einmal in weite Ferne gerückt.

Ein ganz anderes Bild ergab sich, wenn man den größten deutschen Staat ins Auge faßte. In Preußen führte der Schock des Kapp-Lüttwitz-Putsches zu einer Regierungsumbildung und im Gefolge hiervon zu einem umfassenden Revirement bei den Schlüsselpositionen des öffentlichen Dienstes: Sie wurden mit Anhängern der republikanischen Parteien besetzt. Nirgendwo war ein solcher Personalwechsel so notwendig wie hier und zumal auf dem platten Land Ostelbiens, wo zahlreiche Landräte mit den Putschisten kollaboriert hatten. Unter dem sozialdemokratischen Ministerpräsidenten Otto Braun wurde Preußen zum demokratischen Musterland der ersten Republik und damit zum Gegenpol des zweitgrößten Staates, Bayern. Dort schieden die Sozialdemokraten im März 1920 nach einem regionalen Staatsstreich aus der Regierung aus, in die sie während der Gesamtdauer der Weimarer Republik nicht mehr zurückkehren sollten. Bayern konnte sich zu dem entwickeln, was es lange blieb: Deutschlands rechte «Ordnungszelle».

Was sich im November 1918 vollzogen hatte, war in erster Linie ein Wechsel der Staatsform gewesen. Dieser überlebte nicht nur den Kapp-Lüttwitz-Putsch, das Katastrophenjahr 1923 und die Wahl des kaiserlichen Generalfeldmarschalls Paul von Hindenburg zum Reichspräsidenten im April 1925, sondern in gewisser Weise sogar das «Dritte Reich»: Hitler dachte zu keiner Zeit daran, die Monarchie wiedereinzuführen. In vertrautem Kreise äußerte er sich sogar anerkennend über die Einführung der Republik: Die Sozialdemokraten hatten ihm dadurch Probleme erspart, wie sie Mussolini mit «seinem» König hatte.[8] Mit dem Regimewechsel von 1918 war ein zwar nicht totaler, aber doch einschneidender Elitenwechsel verbunden. Die politische Elite des Kaiserreichs war, was die Exekutive anbelangt, stark aristokratisch geprägt; die Regierenden der Republik entstammten überwiegend Bürgertum, Kleinbürgertum und Arbeiterschaft. Hohe Beamte und Militärs blieben Teile der Machtelite (wenn auch der Anteil der Generalität auf Grund der Bestimmungen des Vertrags von Versailles quantitativ schrumpfte). Zur Machtelite war auch, vor wie nach 1918, das Großunternehmertum zu rechnen, während die Vertreter des Rittergutsbesitzes nach der Revolution zeitweilig das Privileg des unmittelbaren «Zugangs zum Machthaber» verloren.[9] Erst 1925, nach Hindenburgs Wahl, die einer konservativen Umgründung der Republik gleichkam, änderte sich das im Sinn einer Teilrestauration früherer Verhältnisse.

Eine gesellschaftliche Revolution fand 1918/19 nicht statt. Es konnte auch kaum anders sein: Das Kaiserreich war militärisch und politisch zusammengebrochen, während das soziale Gefüge trotz aller Erschütterungen den Krieg überlebt hatte. Die moralische Krise, die Max Weber mit der Formel «systematische Gewöhnung an illegales Verhalten» umschrieb, endete ebensowenig mit dem Krieg wie die materiellen Verhältnisse, die sie hervorgebracht hatten: Schleichhandel, Schieberei und Wucher blieben Begleiterscheinungen des «Kriegssozialismus», der in den Grundzügen bis Anfang 1924 fortbestand. Die moralische Krise verschärfte sich nach 1918 in dem Maß, wie die Währung, einer der wichtigsten Indikatoren geordneter beziehungsweise ungeordneter gesellschaftlicher Verhältnisse, zusammenbrach. Die Inflation hatte 1914, im Gefolge einer leichtfertigen Kriegsfinanzierung, begonnen. Sie beschleunigte sich, weil sie nach 1918 bewußt erst als Mittel der sozialen Befriedung, dann der Unterhöhlung alliierter Reparationsforderungen eingesetzt wurde. Auch in dieser Hinsicht endete der Krieg erst um 1923/24. Die nachhaltigste Wirkung der Geldentwertung war eine sozialpsychologische: die Erschütterung des Vertrauens in den Staat bei jenen bürgerlichen Schichten, die besonders stark durch den Verlust von Ersparnissen und Kriegsanleihen betroffen waren.[10]

Die Republik, die aus der Revolution von 1918/19 hervorging, hat nie wirklich das besessen, was Max Weber als Hauptmerkmal des Staates als politischer Anstaltsbetrieb bezeichnet hat: das «Monopol legitimen physischen Zwangs für die Durchführung der Ordnungen». Dieses Monopol war schon durch den Krieg zersetzt worden: Die breite Streuung von Waffenbesitz gehörte, wie Weber zu Recht bemerkt, zu den Bedingungen der Möglichkeit der Revolution.[11] Die Waffenlieferungen der Reichswehr an Freikorps, Einwohner- und Bürgerwehren, teilweise erklärlich als Reaktion auf die erzwungene einseitige Abrüstung Deutschlands, trugen zur allgemeinen Militarisierung des öffentlichen Lebens bei. Die Folgen überdauerten die bürgerkriegsähnlichen Konflikte des ersten Nachkriegsjahrfünfts. Auch in der Zeit danach behinderten paramilitärische Verbände der unterschiedlichen Richtungen die Herausbildung einer «Zivilgesellschaft».[12]

Das parlamentarische System von Weimar blieb mit der Hypothek behaftet, daß es erst im Zusammenhang mit der militärischen Niederlage Deutschlands eingeführt worden war. Diese Entstehungsgeschichte erleichterte es seinen Verächtern, die neue Demokratie als «undeutsch» zu diffamieren. Doch es gab auch ein Erbe des Obrigkeitsstaates in den Köpfen der Verteidiger der Republik: Immer wieder verhielten sie sich so, als verlaufe die entscheidende Trennungslinie wie einst in der konstitutionellen Monarchie zwischen Regierung und Parlament und nicht, wie es der Logik der parlamentarischen Demokratie entsprach, zwischen Regierungsmehrheit und Opposition. Daß keine Regierung sich auf «ihre» Mehrheit verlassen konnte, war die Ursache häufiger Krisen, die die ohnehin schwache Herrschaftsressource «Legitimitätsglaube» immer mehr dahinschmelzen ließen.

Eine andere Krisenquelle bestand darin, daß die Väter und Mütter der Weimarer Verfassung aus Furcht vor einem «Parlamentsabsolutismus» neben der parlamentarischen «Normalverfassung» eine präsidiale «Reserveverfassung» geschaffen hatten: Im nicht genau bestimmten Krisenfall konnte der vom Volk direkt gewählte, also unbezweifelbar demokratisch legitimierte Reichspräsident zum Ersatzgesetzgeber, ja zum kommissarischen Diktator aufsteigen. Nachdem die parlamentarische Demokratie im Jahr 1930 definitiv gescheitert war, verlagerte sich die Macht zwangsläufig vom Reichstag auf den Reichspräsidenten. Nutznießer der fortschreitenden Entparlamentarisierung waren die Nationalsozialisten: Es gelang ihnen, Massen, die sich um ihr seit Jahrzehnten verbrieftes politisches Mitbestimmungsrecht betrogen fühlten, gegen eine offenkundig falsch konstruierte Demokratie zu mobilisieren.

Müssen wir die Revolution von 1918/19 nach alledem als «gescheitert» bezeichnen? Gegen ein pauschales Ja spricht, daß viele unmittelbare und mittelbare Ergebnisse dieser Revolution bis heute Bestand haben: von der Republik über das Frauenwahlrecht bis hin zu sozialen Errungenschaften wie der Tarifautonomie und der Arbeitslosenversicherung. Und wenn das parlamentarische System von Weimar auch fraglos gescheitert ist, so bot es doch, im Reich wie in den Ländern, den Deutschen die erste große Gelegenheit, die Demokratie zu erproben und später, nach 1945, Folgerungen aus ihrem Scheitern zu ziehen.

Daß Bonn nicht Weimar wurde, verdankt es auch der Tatsache, daß es Weimar gegeben hat. Das wiedervereinigte Deutschland ist wieder, was bis dahin nur Weimar war: ein demokratischer deutscher Nationalstaat. Anders aber als die Weimarer Verfassung ist die neue Berliner Republik keine ungelernte Demokratie mehr. Sie hat nicht nur die Weimarer, sondern auch die sehr viel erfolgreicheren Bonner Lehrjahre hinter sich. *Beide* Kapitel gehören zu dem Fundament an historischer Erfahrung, auf dem die Demokratie des vereinigten Deutschland aufbauen kann.

4.

VON WEIMAR ZU HITLER

Die gespaltene Arbeiterbewegung
und das Scheitern der ersten deutschen
Demokratie

In der Geschichte der deutschen und der internationalen Arbeiterbewegung gibt es keine größere Katastrophe als die des Jahres 1933. Mit der Machtübertragung an Hitler am 30. Januar jenes Jahres begann die systematische Unterdrückung alles dessen, was die Nationalsozialisten unter dem Begriff «Marxismus» zusammenfaßten. Unter diesen Begriff fielen Sozialdemokratie und Kommunismus gleichermaßen, und es scherte die Verfolger nicht im mindesten, daß zwischen den Parteien, die sich auf Marx beriefen und «marxistisch» nannten, ein politischer und ideologischer Abgrund klaffte.[1]

Der Nationalsozialismus hat aus der Spaltung der «marxistischen» Arbeiterbewegung in einem Maße Nutzen gezogen, daß die Behauptung naheliegt, eine einige Arbeiterbewegung hätte Hitlers Erfolg verhindern können. Ich möchte mich im folgenden mit der Stichhaltigkeit dieser oft gehörten These auseinandersetzen, und ich werde dies in drei Schritten tun. Im ersten Abschnitt wende ich mich der Rolle der deutschen Sozialdemokratie in der Endphase der Weimarer Republik zu. Im zweiten Teil geht es um das Verhältnis von Sozialdemokraten und Kommunisten. Im dritten und letzten Abschnitt frage ich nach der Vermeidbarkeit oder Zwangsläufigkeit dessen, was Friedrich Meinecke die «deutsche Katastrophe» genannt hat.[2]

I.

Für die Weimarer SPD begann der letzte Abschnitt ihrer Geschichte am gleichen Tag wie die Auflösungsphase der ersten deutschen Republik: am 27. März 1930. An diesem Tag stürzte der letzte sozialdemokratische Reichskanzler, Hermann Müller, als Chef eines Kabinetts der Großen Koalition – der letzten parlamentarischen Mehrheitsregierung der Weimarer Republik. Vordergründig zerbrach das Kabinett Müller an einem Streit um die Arbeitslosenversicherung: Die rechte Flügelpartei, die unternehmerfreundliche Deutsche Volkspartei, wollte die Leistungen senken und die Beiträge von Arbeitgebern und Arbeitnehmern nicht erhöhen; die linke Flügelpartei, die SPD, wollte umgekehrt die Beiträge erhöhen und die Leistungen erhalten. Aber dieser Disput hatte tiefere, strukturelle Gründe: Was 1929/1930 zur Diskussion stand, waren auf der einen Seite die wirtschaftlichen Rahmenbedingungen des Sozialen und auf der anderen Seite die sozialen Rahmenbedingungen der Wirtschaft.

Sozialdemokraten und Freien Gewerkschaften ging es darum, die sozialen Errungenschaften, darunter die 1927 eingeführte Arbeitslosenversicherung, und das erreichte Lohnniveau auch in der Krise zu verteidigen – und das nicht zuletzt, um der Republik die Loyalität der Arbeiter zu sichern. Sozialer Abbau bedeutete für die SPD immer auch ein erhöhtes Risiko, Arbeiter an die kommunistische Konkurrenz zu verlieren. Koalitionspolitik mit bürgerlichen Parteien war nach sozialdemokratischer Mehrheitsmeinung also nur gerechtfertigt, wenn die sozialen Leistungen erhalten blieben. Abschied von der Koalition durfte die SPD mithin auch dann nehmen, wenn es keine parlamentarische Alternative zur bestehenden (Großen) Koalition gab – und ebendies war im Frühjahr 1930 der Fall.

Die Deutsche Volkspartei und die Unternehmer waren hingegen der Meinung, daß die sozialen Errungenschaften zu teuer und die Löhne überhöht waren. Eine Korrektur hielten sie auch um den Preis der Abwendung vom System der parlamentarischen Mehrheitsregierung und damit der Hinwendung zum Präsidialsystem, der Regierung mit Hilfe des Notverordnungsartikels 48, für notwendig. Für diese Alternative gab es mächtige Verbündete, nämlich die Großagrarier und die Reichswehrführung: Kräfte, die, um den Staatsrechtler Carl Schmitt zu zitieren, «Zugang zum Machthaber», nämlich dem Reichspräsidenten von Hindenburg, hatten.[3] Als mit der Ratifizierung des Young-Plans im März 1930 die letzte Klammer fiel, die die Große Koalition noch zusammengehalten hatte, war es leicht geworden, dem Kabinett Hermann Müller ein rasches Ende vorherzusagen.

War der Gegensatz zwischen den Positionen des rechten und des linken Flügels der Großen Koalition ein kontradiktorischer oder gab es doch noch Möglichkeiten der Verständigung? Einige führende Sozialdemokraten, darunter der Reichskanzler Hermann Müller, der Reichsinnenminister Carl Severing, der preußische Ministerpräsident Otto Braun und der «Chefideologe» der SPD, Rudolf Hilferding, setzten bis zuletzt auf Kompromiß. Sie waren durchaus bereit, wirtschaftliche Rahmenbedingungen des Sozialen anzuerkennen, und übten Kritik an der «Pumpwirtschaft», der allzu hohen Verschuldung – vor allem der Gemeinden.

Über die Führung der SPD hinausgehend und das Gros der Partei einbeziehend, möchte ich im Hinblick auf die Zeit von Anfang 1929 bis Ende 1931 von einem Sanierungskonsens sprechen – vergleichbar dem vielzitierten Inflationskonsens der Jahre 1919 bis 1921 und dem nicht minder bedeutsamen Rationalisierungskonsens der Jahre 1924 bis 1928. Die SPD wollte allerdings die Staatsfinanzen nicht auf Kosten der sozial Schwachen sanieren; wenn schon die Löhne gesenkt werden mußten, dann auch die Preise. Zum Sanierungskonsens gehörte also auch ein fortdauernder Verteilungsdissens.

Eine Minderheit der führenden Sozialdemokraten zog aus der politischen Lage im Frühjahr 1930 den Schluß, daß man die Brücke betreten müsse, die der Vorsitzende der Zentrumsfraktion im Reichstag, Heinrich Brüning, in letzter Sekunde schlug: Es war der Vorschlag, den Streit um die Arbeitslosenversicherung in der Hauptsache zu vertagen. Die Mehrheit, darunter die Führung der Freien Gewerkschaften, lehnte den «Brüning-Kompromiß» ab und übernahm damit, zumindest formell, die Verantwortung für den Bruch der Großen Koalition.

Für die Bereitschaft zum Kompromiß hätte gesprochen, daß die Gegenseite keine geschlossene Front bildete. Die Schwerindustrie leugnete kategorisch, daß es in einer Demokratie nicht nur wirtschaftliche Bedingungen des Sozialen, sondern auch soziale Bedingungen der Wirtschaft gab. Die Exportindustrie war eher bereit, einen Ausgleich mit den Gewerkschaften zu suchen. In der Deutschen Volkspartei war der harte rechte Flügel, der von der Schwerindustrie kontrolliert wurde, in der Minderheit. So paradox es klingt: Die Zerstrittenheit der rechten Flügelpartei der Großen Koalition, in der Vergangenheit oft eine Hypothek dieses Bündnisses, war in der Krise vom März 1930 die letzte marginale Chance, das Kabinett Müller, wenn auch wohl nur auf kurze Zeit, zu retten.

Die parlamentarische und außerparlamentarische Rechte hatte den Bruch der Großen Koalition gewollt, die SPD nahm ihn mißbilligend in Kauf. Aber so klar die Hauptschuld zutage liegt: Es war ein Fehler, daß die Sozialdemokratie die letzte Chance nicht nutzte. Denn was dann kam, die Ära der Präsidialregierungen, war nicht nur eine logische, sondern auch die allseits vorausgesehene Konsequenz des Bruches der Großen Koalition. Es war ebendiese Folge, die Hilferding schon im April 1930 zu dem Verdikt veranlaßte: «Es ist nicht gut, aus Furcht vor dem Tode Selbstmord zu verüben.»[4]

Die Regierung des Nachfolgers von Hermann Müller, Heinrich Brüning, stellte bis zum Juli 1930 nur eine verdeckte Präsidialregierung dar, die sich auf rechte Zufallsmehrheiten stützte. Aber die Architekten dieses Kabinetts, die engsten Berater Hindenburgs, waren entschlossen, dem neuen Kanzler, sobald er die parlamentarische Mehrheit verlor, das zu geben, was sie Hermann Müller verweigert hatten – die Notstandsvollmachten des Artikels 48 der Weimarer Reichsverfassung. Mit Hilfe dieses Artikels rückte der Reichspräsident zum Ersatzgesetzgeber auf, ja er konnte als Inhaber der kommissarischen Diktaturgewalt fungieren.

Im Juli 1930 trat die Situation ein, um derentwillen Brüning berufen worden war. Die Regierung erlitt eine Abstimmungsniederlage; die ersten beiden Notverordnungen kamen heraus; der Reichstag forderte mit den Stimmen der SPD ihre Rücknahme; daraufhin wurde der Reichstag aufgelöst und eine neue Notverordnung erlassen. Aus der Reichstagswahl vom 14. September 1930 ging die NSDAP als eindeutiger Sieger hervor (statt bisher über 12 verfügte die Partei Hitlers nun über 107 Sitze).

Die Regierung Brüning konnte im neuen Reichstag nur dann noch eine parlamentarische Mehrheit finden, wenn zu den Parteien der Mitte und der gemäßigten Rechten andere hinzutraten: konkret entweder NSDAP oder SPD. Das Regierungslager, einschließlich der Reichswehr, zog damals die Unterstützung durch die SPD als das kleinere Übel vor – und umgekehrt: Die SPD entschied sich, um eine formelle oder informelle Regierungsbeteiligung der Nationalsozialisten zu verhindern, für die Tolerierung der Regierung Brüning.

Das Kapitel «Tolerierungspolitik» ist eines der umstrittensten in der Geschichte der deutschen Sozialdemokratie. Die Liste der Vorwürfe, die in der Geschichtsschreibung gegen die SPD erhoben werden, ist lang. Ich greife die wichtigsten in schlagwortartiger Verkürzung heraus: Entparlamentarisierung des politischen Systems von Weimar durch Beihilfe bei der Entmachtung des Reichstags; Verschärfung der Wirtschaftskrise und Förderung der politischen Radikalisierung durch Stützung des unpopulären Sparkurses von

Brüning, Selbstlähmung im außerparlamentarischen Abwehrkampf gegen den Faschismus durch übertriebenen Legalismus; Vertiefung der Gegensätze zu den Kommunisten in einer Situation, in der die proletarische Einheitsfront die letzte Rettung vor dem Faschismus und also das Gebot der Stunde gewesen wäre.

Meine These lautet demgegenüber: Die Tolerierungspolitik war für die Sozialdemokraten solange eine Politik ohne Alternative, als sie die Macht in Preußen, den wichtigsten Teil der ihnen verbliebenen staatlichen Macht, behalten wollten. Die Sozialdemokraten mußten die Macht in Preußen behalten wollen, um den Nationalsozialismus wirksam bekämpfen zu können.

Die Weimarer Koalition, die Preußen regierte, bestand aus den Sozialdemokraten, dem Zentrum und der linksliberalen Deutschen Staatspartei, der früheren Deutschen Demokratischen Partei. Die SPD war also auf die Partei Brünings, das Zentrum, angewiesen. Brachte die Sozialdemokratie im Reich Brüning zu Fall, so stürzte mit großer Wahrscheinlichkeit kurz darauf Otto Braun in Preußen. Mit Braun fiel dann Carl Severing, der seit dem Herbst 1930 preußischer Innenminister war; mit Severing aber verlor die SPD die Kontrolle über die preußische Polizei, das wichtigste staatliche Machtmittel im Kampf gegen den Nationalsozialismus.

Die innerparteilichen Kritiker der Tolerierungspolitik, die meist von «links» kamen, mochten die Logik des kleineren Übels nicht gelten lassen. Max Seydewitz, der Führer der «Klassenkampf-Gruppe», schrieb bereits im September 1930, kurz nach der Reichstagswahl, die Absichten des Zentrumskanzlers seien nicht weniger faschistisch als die von den Nazis empfohlenen Methoden, «und es ist nicht zu verstehen, warum die Sozialdemokratie in ihrem Kampf für Demokratie und gegen Faschismus einen Unterschied machen soll zwischen Brünings und Hitlers Faschismus, warum die Sozialdemokratie nach dieser Reichstagswahl die von der Brüning-Regierung vertretenen Tendenzen weniger scharf bekämpfen soll, als die durch das Anschwellen der Nationalsozialistischen Arbeiterpartei sich offen zeigende faschistische Gefahr.»[5]

Der Konsequenz von Seydewitz' Plädoyer, lieber die Nationalsozialisten an die Regierung zu lassen, als Brüning parlamentarischen Rückhalt zu geben, wollte sich die große Mehrheit der SPD nicht beugen: Die Tolerierungspolitik wurde fortgesetzt, solange es eine Regierung Brüning gab, bis Ende Mai 1932. Es kam darüber zu innerparteilichen Zerreißproben, ja zur Abspaltung des äußersten linken Flügels der SPD, der sich im Herbst 1931 als Sozialistische Arbeiterpartei verselbständigte. Der Konflikt, der in der Gründung der SAP gipfelte, begann am 20. März 1931: Die SPD enthielt sich, um Brüning zu retten, bei der Abstimmung über den Panzerkreuzer B der Stimme – eine schwierige Entscheidung, wenn man bedenkt, daß der Panzerkreuzer A im Herbst 1928 die Sozialdemokraten zu einem Aufstand gegen ihren eigenen Kanzler, Hermann Müller, getrieben hatte. Ernst Heilmann, der Fraktionsvorsitzende der Sozialdemokraten im preußischen Landtag, kommentierte im Diskussionsorgan der SPD, dem «Freien Wort»: «Eine der schwersten Strafen des brutalen Mittelalters war die Verurteilung zur Galeere. Angeschmiedet an die Ruderbänke, mußten auf den Galeeren des Mittelalters die Zuchthäusler rudern und rudern, bis sie der Tod von der Sklavenfron erlöste. Der Faschismus würde die ganze Arbeiterklasse zu Galeerensklaven machen. Wir hatten die Wahl zwischen Galeere und Panzerkreuzer. Es konnte gar keinen Zweifel geben, daß wir den Panzerkreuzer schwimmen lassen mußten.»[6]

Am Fall «Panzerkreuzer B» läßt sich auch einiges über die Haltung ablesen, die die «Basis» der SPD gegenüber der Tolerierungspolitik einnahm. Neun Mitglieder der sozialdemokratischen Reichstagsfraktion stimmten am 20. März 1931 mit den Kommunisten gegen den Panzerkreuzer. Das war ein bisher nicht dagewesener «Disziplinbruch». Bis auf einen Abgeordneten erhielten die Abweichler dennoch die

Zustimmung ihrer (unteren) Parteigliederungen, in drei Fällen bis hinauf zur Ebene des Parteibezirkes. Aber von einer breiten Welle der Solidarisierung konnte keine Rede sein. Der Disziplinbruch war bei der großen Mehrheit noch unpopulärer als der Panzerkreuzer, der bislang höchste Preis der Tolerierungspolitik.

Rund ein Jahr später mutete die sozialdemokratische Parteiführung den Anhängern der SPD noch sehr viel mehr zu: die Wiederwahl des kaiserlichen Feldmarschalls Paul von Hindenburg zum Reichspräsidenten. «Schlagt Hitler! Darum wählt Hindenburg!» lautete die Parole, die der Parteivorstand am 26. Februar 1932 ausgab.[7] Kürzer ließ sich die Alternative nicht formulieren, die den Anhängern Weimars verblieben war: Wenn sie von der Republik retten wollten, was noch zu retten war, mußten sie einen überzeugten Monarchisten zum Staatsoberhaupt wählen. Gegen jeden anderen Kandidaten wäre Hitler erfolgreich gewesen. Das «Dritte Reich» hätte nicht am 30. Januar 1933 begonnen, sondern schon am 10. April 1932 – dem Tag des zweiten Wahlgangs der Reichspräsidentenwahl.

Die Sozialdemokraten betrieben die Politik des kleineren Übels, um die nationalsozialistische Diktatur zu verhindern. Hitlers Niederlage vom 10. April 1932 erschien ihnen mit Recht als ihr Verdienst und als größter Erfolg der Tolerierungspolitik. Aber es gab eine Kehrseite dieser Politik. Sie wurde wenige Monate später, am 20. Juli 1932, schlagartig sichtbar. Als Brünings Nachfolger, Franz von Papen, das seit den Landtagswahlen vom 24. April nur noch geschäftsführend amtierende preußische Koalitionskabinett Otto Brauns auf dem Wege des kalten Staatsstreiches absetzen ließ, unterblieb jeder Akt des Widerstandes.

Vieles kam zusammen, was die Passivität der Sozialdemokratie und der Freien Gewerkschaften an jenem Tag erklären kann: das tiefe Mißtrauen zwischen SPD und KPD, von dem gleich noch zu reden sein wird; die Demoralisierung und Entsolidarisierung großer Teile der Arbeiterschaft im

Zuge der Weltwirtschaftskrise; die Angst, daß Arbeitslose den Streikenden die Arbeitsplätze wegnehmen könnten; Einbrüche der Nationalsozialisten in die Reihen der preußischen Polizei; die Tatsache, daß, anders als beim Kapp-Lüttwitz-Putsch von 1920, Reichspräsident und Reichswehr eindeutig hinter dem Staatsstreich standen. Bei einer militärischen Konfrontation mit der Reichswehr und den Privatarmeen Hitlers wäre die Niederlage der Republikaner in der Tat sicher gewesen.

Doch es gibt keinen Zweifel: Die fehlende militante Massenabwehr war auch eine Folge der zwanzig Monate währenden Tolerierungspolitik und der führenden Beteiligung der SPD an der preußischen Regierung. Regierungspartei zu sein, formell in Preußen und informell im Reich, und gleichzeitig Bürgerkriegspartei im Wartestand: das war objektiv unmöglich. Die SPD büßte am 20. Juli 1932 die Reste der Macht ein, die sie nur so lange hatte behaupten können, weil sie seit dem Herbst 1930 alles auf eine Karte gesetzt hatte: die Abwehr des Nationalsozialismus auf dem Boden der Verfassung und im Bunde mit den gemäßigten Teilen des Bürgertums. Daß eine außerparlamentarische Einheitsfront mit den Kommunisten keine Alternative zu dieser Politik sein konnte, das werde ich im folgenden zweiten Teil meiner Überlegungen zu zeigen versuchen.

II.

Für die Politik der deutschen Kommunisten war die «Generallinie» maßgebend, wie sie der Sechste Weltkongreß der Kommunistischen Internationale im Sommer 1928 festgelegt hatte. Diese Generallinie stand im Zeichen jener «ultralinken» Wende, die Stalin um diese Zeit vollzog und für die es sowohl eine innerrussische als auch eine deutsche Ursache gab. Der innerrussische Grund war der Kampf gegen eine «rechte» Fraktion um Nikolai Bucharin, die das Tempo der Industrialisierung und der Kollektivierung der Landwirtschaft kritisierte. Die deutsche Ursache lag darin, daß seit Juni 1928 die SPD wieder an der Macht im Reich beteiligt war – in Gestalt der Großen Koalition unter Hermann Müller. Die SPD war die prowestlichste, vor allem die am meisten profranzösische Partei Deutschlands, und das machte sie aus Stalins Sicht zu einem gefährlichen außenpolitischen Gegner.

Eine der Parolen des Sechsten Weltkongresses lautete, die sozialdemokratische Ideologie der Klassenzusammenarbeit weise viele Berührungspunkte mit der Ideologie des Faschismus auf. Ein Jahr später begannen KPD und Komintern, die Sozialdemokratie als «sozialfaschistisch» zu bezeichnen. Daß dieses diffamierende Schlagwort bei vielen Anhängern der KPD auf fruchtbaren Boden fiel, lag vor allem am Berliner «Blutmai» von 1929: Der Polizeipräsident der Reichshauptstadt, der Sozialdemokrat Zörgiebel, war gegen Kommunisten, die sich am 1. Mai, trotz eines Demonstrationsverbots, zu öffentlichen Kundgebungen versammelt hatten, mit großer Brutalität vorgegangen. Es gab an diesem und den folgenden Tagen neben etwa 200 Verletzten 33 Tote. Die Polizei hatte fast 50 verletzte Beamte, aber keine Todesopfer zu beklagen.

Der «Blutmai» war nicht nur ein Ausdruck polizeilichen und politischen Fehlverhaltens, er warf auch ein bezeichnendes Licht auf die soziale Spaltung des proletarischen Milieus. Für viele Sozialdemokraten waren die Kommunisten ständige Ruhestörer, oft genug schlicht randalierende Lumpenproletarier. Umgekehrt sahen die Kommunisten in den Funktionären von SPD und Freien Gewerkschaften häufig «Bonzen», die sich der Arbeiterklasse entfremdet hatten, ja in das Lager des Klassenfeindes übergelaufen waren. Der tiefere Grund dieser wechselseitigen Klischeebilder war in der unterschiedlichen sozialen Zusammensetzung der beiden Arbeiterparteien zu suchen: Die KPD war die Partei der Arbeitslosen, und sie wurde es in den Jahren der Weltwirtschaftskrise immer mehr; Arbeiter, die noch

4. Von Weimar zu Hitler

Arbeit hatten, neigten dagegen eher dazu, die SPD zu unterstützen.

Der Komintern und der KPD kamen die Ereignisse der ersten Maitage des Jahres 1929 durchaus gelegen: Zörgiebels Gewalttätigkeit erleichterte den Kampf gegen die Sozialdemokratie. An dieser Frontstellung änderte sich auch nichts, als die SPD auf der Reichsebene im Frühjahr 1930 in die Opposition zurückkehrte. In der «Programmerklärung zur nationalen und sozialen Befreiung des deutschen Volkes» vom 24. August 1930, mit der die KPD anläßlich der bevorstehenden Reichstagswahl um Stimmen aus dem rechten Lager warb, hieß es über die leitenden Männer der SPD: «Die sozialdemokratischen Führer, die Hermann Müller, Severing, Grzesinski (der frühere preußische Innenminister, H. A. W.) und Zörgiebel, sind nicht nur die Henkersknechte der deutschen Bourgeoisie, sondern gleichzeitig die freiwilligen Agenten des französischen und polnischen Imperialismus. Alle Handlungen der verräterischen, korrupten Sozialdemokratie sind fortgesetzter Hoch- und Landesverrat an den Lebensinteressen der arbeitenden Massen Deutschlands.»[8]

Daß die SPD seit dem Oktober 1930 die Regierung tolerierte, die von der KPD als Wegbereiterin der faschistischen Diktatur charakterisiert wurde, war Wasser auf die Mühlen der kommunistischen Agitation. Als Stütze der unpopulären Sparpolitik des Zentrumskanzlers mußte die Sozialdemokratie sich nunmehr einen ständigen Verrat an den Interessen der Arbeiterklasse vorhalten lassen. Da die SPD zur Säule eines nicht mehr parlamentarischen Notverordnungssystems geworden war, fiel es den Kommunisten auch nicht schwer, die Sozialdemokraten zu Agenten eines fortschreitenden Faschisierungsprozesses zu erklären. Auf dem 11. Plenum des Exekutivkomitees der Kommunistischen Internationale Ende März 1931 nannte Generalsekretär Manuilski die Sozialdemokratie die «soziale Hauptstütze der Bourgeoisie», und in den Thesen zu seinem Referat hieß es ausdrücklich: «Die Sozialdemokratie, die durch die Konstruktion eines Gegensatzes zwischen der ‹demokratischen› Form der Diktatur der Bourgeoisie und dem Faschismus die Wachsamkeit der Massen im Kampfe gegen die heraufziehende politische Reaktion und gegen den Faschismus einschläfert und die das konterrevolutionäre Wesen der bürgerlichen Demokratie als eine Form der Diktatur der Bourgeoisie verhüllt, ist der aktivste Faktor und Schrittmacher der Faschisierung des kapitalistischen Staates.»[9]

Es blieb nicht nur bei Worten. Auf Weisung der Komintern beteiligte sich die KPD ab Ende Juli 1931 an einem vom nationalistischen «Stahlhelm» und den Rechtsparteien eingeleiteten Volksentscheid zur Auflösung des preußischen Landtags – einer Aktion, die den einzigen Zweck hatte, die sozialdemokratisch geführte Koalitionsregierung unter Otto Braun zu stürzen. Der Volksentscheid scheiterte, aber die KPD hatte wieder einmal bewiesen, daß es ihr mit der Devise ernst war, wonach der «Hauptstoß innerhalb der Arbeiterklasse» gegen die Sozialdemokratie zu richten war.

Erst als Hitler beim zweiten Wahlgang der Reichspräsidentenwahl am 10. April 1932 auf 36,8 % der Stimmen kam, entschloß sich die Komintern zu einer Kurskorrektur: Das strikte Verbot jedweder «Einheitsfront von oben», also der Zusammenarbeit zwischen den Führungen von KPD, SPD und Freien Gewerkschaften von der Gemeinde bis zur Reichsebene, wurde etwas gelockert. Ihren Höhepunkt erreichte die elastischere Einheitsfronttaktik in den ersten vier Wochen nach Brünings Sturz am 30. Mai 1932. Die SPD war jetzt der Zwänge der Tolerierungspolitik ledig; aber sie hatte immer noch Gründe, kommunistischen Angeboten einer Aktionseinheit mit großer Vorsicht zu begegnen. Zu dem allgemeinen Mißtrauen und den unüberwindlichen ideologischen Gegensätzen kam die Furcht hinzu, ein sichtbares Zusammenspiel mit den Kommunisten werde dem seit dem 1. Juni regierenden «Kabinett der Barone» unter Franz von Papen einen Vorwand liefern, seine Hand nach Preußen auszustrecken.

4. Von Weimar zu Hitler

Als Papen am 20. Juli 1932 dann tatsächlich zum Schlag gegen Preußen ausholte, hatte die KPD unter massivem Druck aus Moskau ihre Taktik gegenüber der SPD bereits wieder geändert – im Sinne der alten Konfrontation. Der Kommunistischen Internationale ging die Auflockerung der Fronten, wie sie vor allem örtliche Parteileitungen der KPD betrieben, viel zu weit. Aus Furcht vor einer schleichenden Sozialdemokratisierung der Kommunistischen Partei Deutschlands wurden die angeblichen «opportunistischen Auswüchse» der Einheitsfronttaktik ab Mitte Juli liquidiert. Das 12. Plenum des Exekutivkomitees der Komintern dekretierte Anfang September 1932 wieder ganz unmißverständlich: «Nur wenn der Hauptschlag gegen die Sozialdemokratie, diese soziale Hauptstütze der Bourgeoisie, gerichtet wird, kann man den Hauptklassenfeind des Proletariates, die Bourgeoisie, mit Erfolg schlagen und zerschlagen. Und nur, wenn die Kommunisten zwischen den sozialdemokratischen Führern und den sozialdemokratischen Arbeitern unterscheiden, können sie die Mauer, die sie häufig von den sozialdemokratischen Arbeitern trennt, im Namen der revolutionären Einheitsfront von unten niederreißen.»[10] Bis zum 30. Januar 1933 änderte sich an dieser taktischen Linie nichts mehr.

Nach alledem dürfte klar sein, warum eine proletarische Einheitsfront gegen Faschismus und Reaktion immer wieder beschworen, aber niemals Wirklichkeit wurde. Die Gegensätze zwischen Sozialdemokraten und Kommunisten waren unüberbrückbar. Die SPD war eine, nein die staatserhaltende Partei der Weimarer Republik; sie war es seit 1930, als dieser Staat weniger als je zuvor der ihre war, mehr denn je. Die KPD sah sich als eine, nein als die Partei des gewaltsamen Umsturzes schlechthin – und obwohl sie gar keine konkreten Revolutionspläne hatte, wurde sie weithin als das gesehen, was sie vorgab zu sein. Die KPD sprach von «Sowjetdeutschland» und von der Vernichtung des Klassenfeindes; sie nahm, zumindest bis zum November 1931, individuellen Terror ihrer Anhänger in der Regel hin; sie bekannte sich zur Vorbereitung des bewaffneten Aufstandes und damit zur Illegalität. Was die KPD sagte und tat, konnte Bürger (und nicht nur Bürger) erschrecken; aber es reichte nicht aus, um einen Bürgerkrieg zu entfesseln.

Das lag nicht zuletzt an der Abhängigkeit der KPD von der Komintern, von der KPdSU, von Stalin. Die Strategie der deutschen Kommunisten wurde in Moskau festgelegt. Stalins Nahziel war auch nach 1930 nicht eine kommunistische Revolution in Deutschland, sondern die Zertrümmerung der Sozialdemokratie. Je weiter diese Partei von der Macht entfernt wurde, um so besser. Ein deutlicher Rechtsruck, selbst eine Militärdiktatur hatte, außenpolitisch gesehen, für die Sowjetunion ihr Gutes. Die sowjetische Staatsräson, so wie die führenden Männer von Staat und Partei sie auffaßten, erforderte auf absehbare Zeit nicht den Sieg des deutschen Kommunismus, sondern die Niederlage der prowestlichen Kräfte Deutschlands.

Die SPD war die Partei der Verständigung mit dem Westen, und sie war die Partei des Klassenkompromisses. Nur weil die Sozialdemokratie zur Zusammenarbeit mit den gemäßigten Teilen des Bürgertums bereit war, war die Republik von Weimar überhaupt zustande gekommen. Solange die SPD staatliche Verantwortung trug, sei es als koalierende, sei es als tolerierende Partei, mußte sie Kompromisse schließen, die dem Gros der «Elendsproletarier», der Masse der Arbeitslosen, kaum zu vermitteln waren.[11] Radikale Parolen mochten geeignet erscheinen, einen Teil der Erwerbslosen an die SPD zu binden; bei ihren Stammwählern aber, die meist noch beschäftigt waren, hatte die Sozialdemokratie einen Rückhalt nur, wenn sie «politikfähig» blieb und den Interessen der besser situierten Arbeiter im Rahmen des jeweils Möglichen Rechnung trug.

Daraus folgte, daß es links von der Weimarer Sozialdemokratie Platz für konkurrierende Kräfte gab: Massenarbeitslosigkeit und proletarisches Elend bedingten zwar nicht die

4. Von Weimar zu Hitler

Politik der KPD, aber sie bildeten objektive Gründe für die Existenz einer kommunistischen Partei. Die Spaltung der Arbeiterklasse in einen Flügel, der Bündnisse mit bürgerlichen Kräften grundsätzlich bejahte, und einen anderen, der eine solche Zusammenarbeit grundsätzlich verwarf, war mithin strukturell bedingt und von Anfang an beides: eine schwere Belastung der Weimarer Republik und zugleich eine Bedingung ihrer Möglichkeit.

Die deutschen Kommunisten wollten das hochindustrialisierte Deutschland nach einem Modell verändern, das in einem unterentwickelten Agrarland entstanden war. Sie wollten in einem Land, das 1918 seit immerhin einem halben Jahrhundert das allgemeine gleiche Männerwahlrecht und damit ein Stück Demokratie kannte, eine Parteidiktatur bolschewistischen Typs errichten, was einen drastischen Verlust an Freiheitsrechten für die ganze Bevölkerung bedeutet hätte. Für diese Zielvorstellungen konnten die Kommunisten immer nur eine Minderheit der Arbeiterschaft gewinnen, und bei vielen, die ihnen die Stimme gaben, muß man annehmen, daß sie damit nur gegen die bestehenden Verhältnisse protestieren, nicht aber sich positiv für das Programm der KPD aussprechen wollten.

Während die KPD vom revolutionären Ausweg aus der Krise sprach, sah die SPD von der ersten bis zur letzten Stunde der Republik im Bürgerkrieg das größte aller Übel, das es um jeden Preis zu vermeiden galt. Beide Parteien nannten sich «marxistisch», aber der Begriff spiegelte eine Einheit vor, die es nicht gab. Allenfalls konnte man, mit einer Anleihe bei George Bernard Shaw, SPD und KPD zwei Parteien nennen, die getrennt waren durch gemeinsame ideologische Wurzeln. Diesen Wurzeln war es zuzuschreiben, daß beide Parteien oft noch dieselben Worte benutzten, aber höchst Unterschiedliches darunter verstanden. «Klassenkampf» etwa hieß für die meisten Sozialdemokraten längst: pluralistische Interessenpolitik im Sinne der Arbeitnehmer. Für die Kommunisten bedeutete «Klassenkampf»

Zuspitzung der gesellschaftlichen Konflikte mit dem Endziel der proletarischen Revolution.

Angesichts der unüberbrückbaren Gegensätze zwischen Sozialdemokraten und Kommunisten wäre nach 1930 ein «Burgfriede» oder «Nichtangriffspakt» zwischen beiden Parteien das Äußerste gewesen, was theoretisch möglich war – freilich zugleich auch das Minimum dessen, was der Kampf gegen Nationalsozialismus und schwarz-weiß-rote Reaktion praktisch erforderte. Wenn die Kommunisten sich entschlossen hätten, im Nationalsozialismus den Hauptfeind zu sehen, wäre es eine logische Folgerung gewesen, den Sozialdemokraten gegenüber eine Politik des kleineren Übels zu betreiben. Die Sozialdemokraten wußten, daß der Nationalsozialismus der Hauptfeind war. Aber aus dieser Einsicht die notwendigen Konsequenzen zu ziehen, war nur in begrenztem Umfang eine Frage des eigenen Willens. Ohne Änderung der kommunistischen Generallinie, wonach der Hauptstoß innerhalb der Arbeiterklasse gegen die Sozialdemokratie als die «soziale Hauptstütze der Bourgeoisie» zu führen war, ließ sich nicht einmal ein Nichtangriffspakt zuwege bringen.

III.

Ich komme zum dritten und letzten Abschnitt und damit zu der Frage, wie zwangsläufig oder vermeidbar der Weg in die Katastrophe war. Eine These, die sich aus dem bisher Gesagten ergibt, möchte ich vorwegnehmen: Der kommunistische Kampf gegen den «Sozialfaschismus» war ebenso ein Beitrag zum Aufstieg Hitlers wie die kommunistischen Parolen und Aktionen, die den Nationalsozialisten seit 1929 Wähler zutrieben. Insofern hat die Spaltung der «marxistischen» Arbeiterbewegung Hitlers Triumph wesentlich erleichtert.

Der Umkehrschluß, daß eine einige «marxistische» Arbeiterbewegung den Nationalsozialismus hätte verhindern können, erscheint dennoch gewagt. Auf SPD und KPD zusammen entfiel zwischen 1930 und 1932 stets nur ein starkes Drittel der Wählerstimmen. Wäre der «marxistische» Teil der Arbeiterschaft in einer Partei vereinigt gewesen, so hätte diese Partei gewiß weit links von der damaligen SPD gestanden. Eine solche Partei hätte Koalitionen mit bürgerlichen Parteien entweder von vornherein abgelehnt oder rasch wieder aufgekündigt. Weimar wäre infolgedessen gar nicht erst ins Leben getreten oder schon frühzeitig zusammengebrochen. Was immer als Alternative zu Weimar denkbar erscheint: Eine parlamentarische Demokratie konnte es nur geben, wenn die Sozialdemokratie erstens bereit war, mit bürgerlichen Kräften zusammenzuarbeiten, und wenn sie zweitens hierfür im Bürgertum hinreichend starke Partner fand.

Nachdem Weimar endgültig gescheitert war, mußten sich die deutschen Sozialdemokraten massive Kritik an ihrer Koalitions- und Tolerierungspolitik gefallen lassen. Das deutsche Beispiel zeige, daß der Reformismus insgesamt gescheitert sei, sagten im August 1933 die Sprecher des linken Flügels auf der Konferenz der Sozialistischen Arbeiter-Internationale in Paris; die Politik des kleineren Übels habe zur kampflosen Kapitulation – zuerst am 20. Juli 1932 vor Papen, dann am 30. Januar 1933 vor Hitler – geführt. Der Parteivorsitzende der SPD, Otto Wels, verteidigte sich mit Worten, die auf geradezu herausfordernde Weise fatalistisch klangen: «Wir waren getrieben durch den Zwang der Verhältnisse in stärkerem Maße als die Parteien irgendeines anderen Landes. Wir waren wirklich nur Objekt der Entwicklung ... Uns in Deutschland war die Politik des kleineren Übels aufgezwungen, und ich habe in der Exekutive (dem Leitungsgremium der Zweiten Internationale, H. A. W.) das Bild gebraucht, daß die würgende Schlinge des kleineren Übels uns schließlich den Atem nahm ... 6 Millionen Arbeitslose schufen den Druck, dem wir schließlich erlagen.»[12]

Was die Zeit seit dem Herbst 1930 anging, war die Argumentation von Wels alles in allem zwingend: Solange noch eine Chance bestand, im Bunde mit der bürgerlichen Mitte den Vormarsch der Nationalsozialisten aufzuhalten, mußte die SPD den Weg der Legalität gehen. Sie konnte als demokratische Partei nicht die Grundsätze der Demokratie über Bord werfen, ohne sich selbst preiszugeben. Was die Situation der Sozialdemokratie immer aussichtsloser machte, war ihre zunehmende Isolierung: Sie verteidigte die Republik auch dann noch, als die Mehrheit des Volkes sich längst von Weimar abgewandt hatte und es im Bürgertum kaum noch Kräfte gab, die entschlossen waren, die Nationalsozialisten von der Macht fernzuhalten.

Anlaß, mit sich selbst ins Gericht zu gehen, hatte die SPD dagegen, wenn sie weiter zurückblickte. 1933 war es schon fast Parteikonsens, daß die Sozialdemokratie einen schweren Fehler begangen hatte, als sie im Frühjahr 1930 unter dem Druck der Gewerkschaften die Große Koalition verließ und so dem Präsidialsystem den Weg ebnete. (Daß die Regierung Hermann Müller im Herbst 1930 auf Grund der Haltung von Zentrum und Deutscher Volkspartei wohl ohnehin zerbrochen wäre, steht auf einem anderen Blatt.) Auch in den Jahren zuvor war parlamentarisches Regieren immer nur in Form von Koalitionspolitik möglich gewesen. Was die Sozialdemokraten sich vorzuwerfen hatten, war nicht, wie die Linke auf der Pariser Konferenz meinte, daß sie eine solche Politik getrieben hatten, sondern daß sie darin zu wenig konsequent gewesen waren.

Einigkeit bestand 1933 auch darin, daß die Sozialdemokratie sich zu wenig um die ländlichen und städtischen Mittelschichten, das wichtigste Stimmenreservoir der Nationalsozialisten, gekümmert hatte. Aber wieder war es ein Irrtum der Linken, daß die Sozialdemokratie beides zugleich gekonnt hätte oder je können würde: «marxistischer» sein, als sie war, und mit einem betont klassenkämpferischen, ja revolutionären Programm Bauern und «Kleinbürger» für sich gewinnen. In Wirklichkeit war es gerade die proletarische Selbststilisierung, die der SPD den Einbruch in die Mittelschichten unmöglich gemacht hatte. Als die Partei in ihrem Heidelberger Programm von 1925 auch noch die abschreckende und zudem falsche Behauptung wiederholte, der Kleinbetrieb in Industrie, Handel und Verkehr sei zum Untergang verurteilt, war einer Politik der sozialen Öffnung der Boden auf absehbare Zeit entzogen.

Die schärfste Selbstkritik übte die SPD seit 1933 an der Rolle, die sie in der Revolution 1918/19 gespielt hatte: «Unsere Politik in Deutschland war seit 1923 sicher im Ganzen und Großen durch die Situation erzwungen und konnte nicht viel anders sein», schrieb Rudolf Hilferding am 23. September 1933 an Karl Kautsky. «In diesem Zeitpunkt hätte auch eine andere Politik kaum ein anderes Resultat gehabt. Aber in der Zeit von 1914 und erst recht von 1918 bis zum Kapp-Putsch war die Politik plastisch und in dieser Zeit sind die schlimmsten Fehler gemacht worden. Das haben wir damals gesagt und davon brauchen wir jetzt nichts zurückzunehmen.»[13] Vier Monate später war diese Auffassung der offizielle Standpunkt der Partei. In dem von Hilferding entworfenen «Prager Manifest» der Exil-SPD vom Januar 1934 hieß es zur Revolution von 1918/19: «Daß sie den alten Staatsapparat fast unverändert übernahm, war der schwere historische Fehler, den die während des Krieges desorientierte deutsche Arbeiterbewegung beging.»[14]

Die Selbstkritik war wohlbegründet. Wenn es je eine Chance gegeben hatte, die Erblast des Obrigkeitsstaates zu verringern, dann in der Zeit zwischen dem Sturz der Monarchie am 9. November 1918 und der Wahl der Verfassunggebenden Nationalversammlung am 19. Januar 1919. Aber ob sich der Sieg des Nationalsozialismus hätte verhindern lassen, wenn die Revolution im Sinne gemäßigter Unabhängiger Sozialdemokraten wie Hilferding verlaufen wäre, bleibt fraglich. Denn so gut wie niemand forderte 1918/19 eine Enteignung der ostelbischen Rittergutsbesitzer – derjenigen alten Führungsschicht, die sich bald als der entschlossenste Gegner der jungen Republik erweisen sollte und die im Januar 1933 bei der Machtübertragung an Hitler eine bis heute oft verkannte Schlüsselrolle spielte. Und gegen den Aufstieg einer nationalistischen Massenbewegung war ohnehin kein demokratisches Kraut gewachsen.

Daß 1918/19 nicht einmal Strukturreformen stattfanden, die der erstrebten parlamentarischen Demokratie ein festeres gesellschaftliches Fundament hätten geben können, ging auf das Schuldkonto der regierenden Mehrheitssozialdemokraten. Aber das Ausbleiben einer «klassischen» Revolution hatte strukturelle Gründe: Deutschland war erstens ein hochindustrialisiertes Land, und das bedingte, was Richard Löwenthal den «Anti-Chaos-Reflex» genannt hat: die Furcht vor einem Zusammenbruch des Wirtschaftslebens und der öffentlichen Dienstleistungen.[15] Auf den zweiten Grund habe ich bereits kurz hingewiesen: Deutschland kannte seit der Reichsgründung von 1871 das allgemeine gleiche Wahlrecht für Männer und war daher kein geeigneter Boden für irgendwelche Spielarten einer «Diktatur des Proletariats». Die Republik sollte mehr Demokratie bringen und nicht mit neuer Bevormundung beginnen. Beide Faktoren, der Grad der Industrialisierung und der Grad der Demokratisierung, wirkten objektiv antirevolutionär – und sie machten aus der sozialdemokratischen Arbeiterbewegung eine Kraft, die zwar noch auf Reformen, aber nicht mehr auf eine Revolutionierung der Gesellschaft setzen konnte.

Ein republikanischer Neubeginn hätte freilich nicht nur gesellschaftliche Veränderungen, sondern auch einen moralischen Bruch mit dem Kaiserreich erfordert. Er unterblieb nicht zuletzt deshalb, weil die Sozialdemokraten, nachdem sie vier Jahre lang Kriegskredite bewilligt hatten, nach 1918 davor zurückscheuten, von der Kriegsschuld der deutschen Reichsleitung so offen zu sprechen, wie es die mittlerweile bekannten Tatsachen geboten. Nutznießer war die Rechte: Die Kriegsunschuldlegende wurde zum Nährboden der Agitation gegen das «Diktat von Versailles».

Für den Historiker muß die Frage, ob die Versäumnisse und Fehlentscheidungen von 1918/19 eine Katastrophe unausweichlich machten, ebenso offen bleiben wie die Umkehrfrage, ob ein anderer Ablauf der Revolution das Überleben der Republik gewährleistet hätte. Sicher ist im Rückblick nur, daß Weimar ein Versuch war, den Grundwiderspruch des Reiches von 1871, den Gegensatz zwischen wirtschaftlicher und kultureller Modernität auf der einen und politischer Rückständigkeit auf der anderen Seite, aufzulösen. Die Restauration eines bürokratischen Obrigkeitsstaates unter Brüning markierte das Scheitern dieses Versuchs. Die Wahlerfolge der Nationalsozialisten waren auch ein populistischer Protest gegen die fortschreitende Ausschaltung der Massen. Oder anders gewendet: Hitler profitierte nicht nur von der autoritären Tradition, sondern auch von der Teildemokratisierung Deutschlands vor 1918; er war *der* Nutznießer der Widersprüche des deutschen Modernisierungsprozesses.

In den letzten Wochen der Republik, in der kurzen Regierungszeit des Generals von Schleicher, war die Alternative zur Kanzlerschaft Hitlers wohl nur noch eine mehr oder minder verhüllte Militärdiktatur. Nachdem am 30. Januar 1933 die Macht an Hitler gefallen war, hörte das Reich auf, ein Rechts- und Verfassungsstaat zu sein. Es wurde zum Unrechtssystem, dessen zerstörerische Politik mit innerer Logik in der Selbstzerstörung endete. Das Jahr 1933 bedeutet, so gesehen, mehr als nur den Untergang der ersten deutschen Republik. Es war das Reich Bismarcks, das sich damals selbst sein Todesurteil sprach.

Wer die erste Demokratie aus dem zeitlichen Abstand von über einem halben Jahrhundert betrachtet, fällt seine Urteile unweigerlich aus der Kenntnis dessen, was auf Weimar folgte: das «Dritte Reich», der Zweite Weltkrieg, der Mord an den europäischen Juden und die Teilung Deutschlands. Die Versuchung ist groß, die erste Demokratie an der ungleich erfolgreicheren zweiten zu messen, die freilich bis

1990 keine gesamtdeutsche, sondern nur eine westdeutsche war. Aber die Demokratiegründung von 1949 fand unter sehr viel günstigeren Vorzeichen statt als die von 1918/19, und daß Bonn nicht Weimar wurde, verdankt es auch der Tatsache, daß es Weimar gegeben hat. Die Geschichtswissenschaft muß daher versuchen, die erste deutsche Republik aus ihren historischen Voraussetzungen zu begreifen. Nur wenn sie das tut und auf vorschnelle Aktualisierung verzichtet, kann sie dazu beitragen, daß aus Weimar gelernt wird.

5.

KURT SCHUMACHER
UND DIE NATIONALE FRAGE

Die Bundesrepublik Deutschland war gerade erst sieben Jahre alt, als der Schweizer Publizist Fritz René Allemann 1956 in seinem Buch «Bonn ist nicht Weimar» einen der grundlegenden Unterschiede zwischen der ersten und der zweiten deutschen Demokratie in einem frappierenden Rollentausch zwischen «links» und «rechts» erkannte.[1] In der Weimarer Republik war die Linke international und die Rechte nationalistisch gewesen. In der Bonner Republik betrieben die gemäßigten Kräfte der rechten Mitte, repräsentiert durch die von Konrad Adenauer geführte bürgerliche Koalition, eine Politik der supranationalen Integration, während die gemäßigte Linke in Gestalt der Sozialdemokratie unter Kurt Schumacher und Erich Ollenhauer den nationalen Part übernahm und sich als Partei des Primats der deutschen Einheit zu profilieren suchte.

Die scheinbare Paradoxie läßt sich noch weiter zuspitzen: Kaum ein demokratischer Parteiführer hat sich in den ersten Nachkriegsjahren so nachdrücklich zur Bewahrung des Deutschen Reiches bekannt wie Kurt Schumacher, der Vorsitzende jener Partei, der in den Augen deutscher Nationalisten immer noch wie zu Bismarcks Zeiten der Makel der «Reichsfeindschaft» anhaftete. «Das Deutsche Reich muß als staatliches Ganzes erhalten bleiben!», hieß es schon im ersten Aufruf des «Büros Dr. Schumacher» von Mitte August 1945. Und in den «Politischen Richtlinien für die SPD in ihrem Verhältnis zu den anderen politischen Faktoren», veröffentlicht am 25. August 1945, formulierte Schumacher noch schärfer: «Mag das Verbrechen des deutschen Nazismus an der Welt noch so schwer sein, das deutsche Volk kann und darf nicht darauf verzichten, sein Reich, mögen dessen Grenzen noch so stark beschränkt sein, als nationales und staatliches Ganzes zu behaupten. Für die arbeitenden Massen sind *Idee und Tatsache des Deutschen Reiches nicht nur nationalpolitisch, sondern auch klassenpolitisch eine Notwendigkeit.* Ihr politischer und wirtschaftlicher Befreiungskampf ist ohne diese Grundlage zur Erfolglosigkeit verurteilt.»[2]

Der Kontext, in dem diese Bekenntnisse stehen, erklärt sie auch zum Teil: Schumacher wandte sich gegen «Separationsbestrebungen», wie er sie damals namentlich in Hannover beobachtete, aber auch dem Kölner Oberbürgermeister Adenauer unterstellte. Adenauer hatte im Juli 1945 in einem Pressegespräch Vorschläge für eine Neugliederung des westlichen, nicht von der Sowjetunion besetzten Teiles Deutschlands gemacht und damit Schumachers Argwohn geweckt, solche Pläne seien parteipolitisch motiviert, nämlich darauf ausgerichtet, die Sozialdemokratie in eine strukturelle Minderheitsposition zu drängen. Doch so wenig Adenauers Konzeption eines westdeutschen Bundesstaates sich aus einem derartigen Kalkül ableiten ließ, so wenig war Schumachers Insistieren auf der deutschen Einheit ein bloßer Ausfluß der Erwägung, daß die Sozialdemokratie bei freien Wahlen in allen vier Besatzungszonen mutmaßlich die stärkste Partei geworden wäre.

Die tiefere Ursache des Dissenses zwischen Schumacher und Adenauer liegt dort, wo sie schon von Zeitgenossen geortet wurde: in unterschiedlichen politischen Horizonten, die ihrerseits eng mit Unterschieden der Herkunft zusammenhingen. Kulm und Köln, die Geburtsorte der beiden wichtigsten Akteure der deutschen Nachkriegszeit, sind zwar kein Universalschlüssel zur Erklärung der unterschiedlichen Antworten, die SPD und CDU auf die nationale Frage gaben. Aber im Fall von Schumacher und Adenauer ist der Faktor «Herkunft» doch der wichtigste Zugang zum Verständnis ihres Gegensatzes.

5. Kurt Schumacher und die nationale Frage

Für den von Hause aus evangelischen Preußen Kurt Schumacher bedeutete die Reichsgründung von 1871 einen qualitativen Fortschritt gegenüber der partikularstaatlichen Zersplitterung Deutschlands, die er, wie einst die liberale und sozialistische Einheitsbewegung des 19. Jahrhunderts, als Relikt des Feudalzeitalters deutete. Die deutsche Nation war seitdem staatlich definiert und der deutsche Nationalstaat selbstverständlicher Handlungsrahmen aller Kräfte, die in ihm um die politische Macht kämpften. Scharfe Kritik am preußischen Militarismus und eine starke gefühlsmäßige Bindung an die preußisch-deutsche Hauptstadt Berlin bildeten für Schumacher keinen Widerspruch: Schließlich hatte sich Preußen in der Weimarer Republik unter Führung der SPD zu einer Art demokratischem Musterland entwickelt, und die Entscheidung der West-Berliner Sozialdemokraten gegen die Vereinigung mit der KPD im Februar 1946 machte Berlin erneut zu einem Symbol der deutschen Demokratie.

Der katholische Rheinländer Konrad Adenauer, zwei Jahrzehnte älter als Schumacher, hatte dem von Bismarck gegründeten, preußisch und protestantisch geprägten Reich nicht immer so kritisch gegenübergestanden wie nach 1945. Doch nach dem Ende des Zweiten Weltkrieges häuften sich bei ihm nicht nur antipreußische Äußerungen, sondern auch klare Absagen an Berlin als neue deutsche Hauptstadt. Da «Asien» jetzt bis zur Elbe vorgerückt war, mußte sich der westliche Teil Deutschlands fest mit dem Westen Europas verbinden. Aus dieser Haltung heraus konnte Adenauer im Sommer und Herbst 1945 wiederholt ohne erkennbare Gefühlsbewegung aussprechen, was für ihn eine Tatsache, für Schumacher aber unerträglich war: «Der von Rußland besetzte Teil sei für eine nicht zu schätzende Zeit für Deutschland verloren.»[3]

Schumachers Votum lautete demgegenüber: «Es darf keine Erkältung oder Erstarrung gegenüber dem Reichsgedanken eintreten.» So drückte er es am 3. April 1946 auf einer gemeinsamen Sitzung des Länderrats der amerikanischen Besatzungszone und des Zonenbeirats der britischen Zone in Stuttgart aus. In seiner Rede auf dem Hamburger Gründungskongreß des Sozialistischen Deutschen Studentenbundes im September 1946 fügte er dem Bekenntnis «Wir wollen ein Deutschland, bei dem der Träger der Reichsgewalt das deutsche Reichsvolk ist» sogleich, um Mißverständnissen vorzubeugen, die Erläuterung hinzu: «Wir wollen dieses Deutschland ... nicht als einen neuen Nationalismus, sondern wir wollen dieses Deutschland nur gleichberechtigt und gleichgeachtet einmal im Rate der Nationen und in einer Völkerföderation sehen. Wir wollen ganz genau das Gegenteil von dem, was die deutsche Geistesrichtung vergangener Jahrzehnte gewollt hat... Für uns besteht der Gegensatz nicht zwischen national und international, für uns besteht der Gegensatz zwischen national und nationalistisch.» [4]

Nationalismus war aus Schumachers Sicht «die heutige Form des Nihilismus in der Welt» und damit unvereinbar mit «wahrem Patriotismus», den er sich «in Europa heute» nur als «Patriotismus des Weltbürgertums» vorstellen konnte. In der Rede vor dem Parteiausschuß der SPD in München vom 11. Januar 1947, in der er diese Feststellungen traf, machte er auch deutlich, warum die Unterscheidung zwischen «Nationalismus» und «Patriotismus» für seine Partei geradezu existentiellen Charakter hatte. Nationalistisch hätte die SPD gehandelt, wenn sie um der Einheit Deutschlands willen zur Vereinigung mit den Kommunisten bereit gewesen wäre. Schumachers kategorisches Nein zu der von der Sowjetunion unter massivem Zwang betriebenen Fusion von SPD und KPD in der sowjetischen Besatzungszone war eine Entscheidung für den Vorrang der Freiheit vor der Einheit – und zwar nicht nur der vielbeschworenen «Einheit der Arbeiterklasse», sondern auch der staatlichen Einheit Deutschlands.

5. Kurt Schumacher und die nationale Frage

Über den Preis, den die Sozialdemokratie für diese Entscheidung zahlen mußte, gab sich Schumacher keinen Illusionen hin. Das Verbot der SPD in der sowjetischen Besatzungszone traf diese Partei auch deswegen so hart, weil sie dort ihre traditionellen Hochburgen hatte. «Praktisch atmet die Partei nur auf einem Lungenflügel», sagte Schumacher in seiner Münchner Rede. «Der Osten Deutschlands, der uns das unzerstörbare Primat geben würde, ist uns verschlossen. Dieser Umstand erst ermöglicht die breite Restauration des bürgerlichen Parteiwesens.»[5]

Die Gegnerschaft zur KPD ergab sich für Schumacher aus der Erkenntnis, daß die deutschen Kommunisten bereits in den Jahren der Weimarer Republik zu einem Instrument der sowjetischen Politik geworden waren und eben deshalb wesentlich zum Untergang der ersten deutschen Demokratie beigetragen hatten. «Die Kommunistische Partei ist unlösbar an eine einzige der Siegermächte, und zwar an Rußland als nationalen und imperialistischen Staat und seine außenpolitischen Ziele gebunden», heißt es in den «Politischen Richtlinien» vom August 1945. Fünfeinhalb Jahre später, am 30. Januar 1951, reagierte Schumacher auf ein Verhandlungsangebot, das die Volkskammer der DDR am gleichen Tag an den Bundestag gerichtet hatte, mit der ihm eigenen ätzenden Schärfe: «Die deutschen Demokraten können nur mit Deutschen über Deutschland verhandeln, aber nicht mit Gesinnungsrussen, deren Deutschtum eine bloße Äußerlichkeit ist.»[6]

Gleichermaßen eindeutig war Schumachers Urteil über die langfristige Zielrichtung der sowjetischen Außenpolitik. Am 27. März 1947 schrieb er der früheren sozialdemokratischen Reichstagsabgeordneten Toni Sender nach New York, Rußland versuche «mit Hilfe der Kommunisten jetzt noch einmal auf dem Rückzug das zu erreichen, was ihm bei dem Hineindrücken nach Europa nicht gelungen ist, nämlich die politische Eroberung des Kontinents auf dem Wege über Italien, Frankreich und vor allem über die deutsche Sozialdemokratie». Noch knapper und bündiger formulierte er am 6. Februar 1951 in einem Schreiben, in dem er Adenauer die Haltung der SPD zur Wiederbewaffnung darlegte: «Die sowjetrussische Politik gegenüber Deutschland ist seit drei Jahrzehnten auf seine politische Eroberung gerichtet.»[7]

Da es für Schumacher keinen Zweifel daran gab, daß die Teilung Deutschlands ein kleineres Übel war als seine Sowjetisierung, mußte er auch einer Konsequenz der Spaltung ins Auge sehen: dem Mißbrauch der nationalen Parole durch die Sowjetunion und ihre deutschen Gefolgsleute. Die Kommunisten predigten jetzt «den Nationalismus in denselben Tönen wie einst die Nazis», heißt es in seinem Brief an Toni Sender. Auf der Internationalen Sozialistischen Konferenz in Zürich sprach Schumacher im Juni 1947 von einem «Neo-Nationalismus der Kommunisten, der sich jetzt in Deutschland so massiv steigert, daß die Sprache des alten Nazismus die gleiche ist. Man übertreibt nicht: die einzige Schwarz-Weiß-Rot-Partei in Deutschland ist die Kommunistische Partei.» Am 9. März 1951 geißelte er im Bundestag das «System von Pankow» als die «völlige Entdeutschung und die völlige Sowjetisierung der Politik» und kommentierte die Beobachtung, daß in den Mittelpunkt der östlichen Propaganda jetzt das nationale Moment getreten sei, mit den Worten: «Es wird dort das Problem gelöst, wie man nationalrussische Politik mit nationaldeutschen Phrasen macht.»[8]

Die polemische Überspitzung war gewollt, denn Schumacher sah nach 1945 im Nationalbolschewismus die gefährlichste Spielart von deutschem Nationalismus. Es gebe keinen deutschen Nationalismus, der aus eigenen Kräften heraus irgend jemanden bedrohen könne, erklärte er 1947 den Delegierten der Internationalen Sozialistischen Konferenz in Zürich. «Der deutsche Nationalismus wäre nur eine Gefahr für die Welt in der Hand einer Großmacht gegen die anderen Mächte, und diese Situation wollen wir unter allen Umständen vermeiden.»[9]

5. Kurt Schumacher und die nationale Frage

Die nationale Propaganda der SED war *ein* Grund, weshalb die Sozialdemokraten nach 1945 ihren deutschen Patriotismus sehr viel schärfer betonten als vor 1933. Der *andere* Grund war die Erfahrung des Aufstiegs und die Herrschaft des Nationalsozialismus: Nie wieder sollte die politische Rechte Gelegenheit bekommen, den Internationalismus der Sozialdemokraten als Mangel an nationaler Loyalität zu mißdeuten. Zu bannen war diese Gefahr aber nur, wenn die SPD es verstand, legitime nationale Interessen so glaubwürdig zu vertreten, daß ihr dieser Anspruch von niemandem streitig gemacht werden konnte.

Die Kommunisten, so erklärte Schumacher am 20. April 1949 vor den obersten Parteigremien der SPD, hätten ihren Ort als russische Staatspartei, während den Unionsparteien zugute komme, daß die bürgerliche Oberschicht des Westens eine gewisse Neigung zeige, «sich mehr mit dem westlichen als mit dem östlich des Limes liegenden Teil Deutschlands zu verständigen». Dann sei aber noch ein dritter Posten vakant. «Wir brauchen einen Posten, eine Partei, die die demokratischen Kräfte des deutschen Volkes zur nationalen Selbstbehauptung und zur internationalen Zusammenarbeit bringen. Wenn die Sozialdemokratische Partei diese Position nicht erfüllt, dann werden andere Parteien, die erst noch kommen werden, auf Kosten der Sozialdemokratie, ihrer geistigen Tradition und der materiellen Interessen, die sie zu vertreten hat, diese Position ausfüllen, wahrscheinlich zum Unheil für Deutschland und zu einer großen Gefährdung Europas.»[10]

Der Ort der SPD in der frühen Bundesrepublik war damit definiert. Ob die Sozialdemokraten der von Schumacher abgesteckten Linie hätten folgen können, wenn sie aus der ersten Bundestagswahl vom 14. August 1949 als führende Regierungspartei hervorgegangen wären, muß offen bleiben. Die Oppositionsrolle entbehrte jedenfalls nicht der inneren Logik. Schon im Oktober 1946 hatte Schumacher auf einer Wahlversammlung in Duisburg versichert, die Sozialdemokraten fürchteten sich «auch nicht vor einem gefährlichen Leben der Opposition, denn wir Sozialdemokraten sagen uns, es ist besser für uns und die Welt, wenn die Opposition einmal geführt wird von einer Friedenspartei, von einer internationalistischen demokratischen Partei, als von Chauvinisten und Nationalisten und allen Reaktionären, die ja augenblicklich bei der CDU untergekrochen sind, soweit sie nicht im Osten des Reiches bei der SED sind.»[11]

Schumacher hatte sich das Ja zur Weststaatsbildung nicht leicht gemacht, sich dann aber doch der Logik der eigenen «Magnettheorie» gebeugt: Die wirtschaftliche und politische Konsolidierung der drei westlichen Besatzungszonen war die Bedingung der Möglichkeit einer freiheitlichen Entwicklung in ganz Deutschland. Mit ultimativem Druck rang der Vorsitzende der SPD, überzeugter Anhänger des Einheitsstaates und daher entschiedener Widersacher der bayerischen Föderalisten auch in den eigenen Reihen, im April 1949 den westlichen Alliierten das Ja zu einer bundesstaatlichen Finanzverfassung ab, die diesen Namen verdiente, und drückte damit einem Kernelement des Grundgesetzes seinen Stempel auf. Die Art und Weise, wie er am 5. Juni 1949 vor dem Landesparteitag der bayerischen SPD sein Vorgehen rückblickend rechtfertigte, machte deutlich, daß es Schumacher bei dieser Frage nicht nur um Finanzen, sondern um die Rolle der Bundesrepublik als nationaler «Magnet» ging: «Aber wenn die beiden großen Kompetenten zwischen West und Ost untereinander konkurrieren und wenn der östliche Totalitarismus Anspruch auf das Monopol der nationalen Idee und der nationalen Einheit erhebt, und wenn der Westen diesem Anspruch nichts anderes entgegenzusetzen vermag als einen koddrigen Rheinbund, dann wäre es in dieser Situation für uns besser, daß sich die Sozialdemokratie nicht mit der Ideologie und der Praxis eines Rheinbundes liiert, sondern als selbständiger Faktor auftritt, der sich nicht beugt und lieber außerhalb dieses Geschehens bleibt.»[12]

5. Kurt Schumacher und die nationale Frage

Der Erfolg im Kampf um das Grundgesetz hat Schumacher möglicherweise zu dem fatalen Fehlschluß verleitet, mit Härte allein könne die Bundesrepublik den Alliierten jene Gleichberechtigung abtrotzen, die auch Adenauer, wenngleich mit sehr viel mehr diplomatischem Einfühlungsvermögen, anstrebte. Auf dem Hamburger Parteitag der SPD vom Mai 1950 begründete Schumacher das Nein zur Integrationspolitik des Bundeskanzlers im allgemeinen und zum Beitritt zum Europarat im besonderen mit einer für ihn typischen Präventivthese: «Würde die Sozialdemokratie jetzt Ja sagen, dann wäre sie der Taufpate des neuen, kommenden Massennationalismus in Deutschland. Ihre Aufgabe aber ist, durch Wahrung der nationalen Rechte den Nationalismus unmöglich zu machen und ihn unter Zustimmung des ganzen Volkes zerschlagen zu können.» [13]

Der Streit um die Wiederbewaffnung enthüllte den eigentlichen Widerspruch der sozialdemokratischen Politik: Wenn die außenpolitischen Zielsetzungen der Sowjetunion so offensiv waren, wie Schumacher aus guten Gründen behauptete, mußte die Bundesrepublik den sicherheitspolitischen Schulterschluß mit den Westmächten suchen, um den sich Adenauer gegen die erbitterte Opposition der SPD bemühte. In Verkennung der westlichen und zumal der amerikanischen Möglichkeiten verlangte Schumacher, die demokratischen Mächte sollten an der Ostgrenze der Bundesrepublik soviel Militär konzentrieren, wie erforderlich war, um eine Kriegsentscheidung östlich von Deutschland sicherzustellen. Die Begründung war ausgeprägt national. «Wir dürfen nicht zulassen», so erklärte er am 17. September 1950 auf einer gemeinsamen Tagung der sozialdemokratischen Führungsgremien in Stuttgart, «daß unser Volk zur Erhaltung fremder Nationalismen als nationale Substanz geopfert wird.» [14]

Politische Neutralität im Ost-West-Konflikt war für Schumacher schon deswegen undenkbar, weil, wie er am 20. April 1949 vor den Parteigremien darlegte, die Sowjetunion eine solche Neutralität weder nach der politischen noch nach der rechtlichen oder moralischen Seite respektiere. «Das wäre keine Neutralität, sondern das wäre kaschierte Parteinahme für Rußland gegen den Westen.» Eine militärische Neutralität der künftigen Bundesrepublik aber hielt er zum gleichen Zeitpunkt für «absolut notwendig».[15] Später, nachdem die Debatte über einen westdeutschen Wehrbeitrag in Gang gekommen war, knüpfte er ein Ja der SPD an Bedingungen, die die Westmächte nicht erfüllen konnten – obenan die volle politische Gleichberechtigung der Bundesrepublik.

Der tiefere Grund für das faktische Nein zur militärischen Westintegration der Bundesrepublik war derselbe, der auch hinter der Ablehnung aller anderen Integrationsprozesse stand: Es war die Furcht vor einer Vertiefung der deutschen Spaltung. Zwei Wochen vor seinem Tod, am 6. August 1952, nannte Schumacher in einem Rundfunkinterview die Wiedervereinigung Deutschlands «ein Ziel, das unserer Meinung nach vordringlicher und für die Befriedung und die Neuordnung Europas wichtiger ist als jede Form der Integration mit anderen Ländern Europas. Die europäische Idee würde hoffnungslos bloßgestellt werden durch den den Deutschen auferlegten Verzicht auf ihre nationale Einheit, ein Verzicht, den man keinem Volk der Welt sonst zumutete. Die Teilung Deutschlands ist die große Kraftquelle der kommunistischen Politik in Europa. Ihre Aufrechterhaltung ist die dauernde Neubelebung der kommunistischen und extremen nationalistischen Kräfte.»[16]

Schumachers nationaler Vorbehalt ermöglichte einen Brückenschlag zwischen der Sozialdemokratie und Teilen des politischen Protestantismus, der vor 1933 mehrheitlich «rechts», bei den Deutschnationalen, gestanden hatte. Auf längere Sicht war *diese* Öffnung zum Bürgertum nicht weniger folgenreich als die ideologische Selbstrevision, der sich die SPD 1959 auf ihrem Godesberger Programmparteitag unterzog. Zunächst aber half der Eindruck, die Sozialdemokraten seien drauf und dran, die Bundesrepublik zu isolie-

5. Kurt Schumacher und die nationale Frage

ren und damit der Sowjetunion einen unschätzbaren Triumph zuzuspielen, dem Regierungslager. Denn dem ebenso elementaren wie begründeten Sicherheitsbedürfnis der Westdeutschen kam Adenauers Politik der vorbehaltlosen Westintegration sehr viel mehr entgegen als der von Schumacher propagierte Vorrang der Wiedervereinigung.

Der Gegensatz zwischen Schumacher und Adenauer war in der Substanz ein tragischer Konflikt. Den Sozialdemokraten aus Kulm traf die Teilung Deutschlands tiefer als den Christlichen Demokraten aus Köln. Der frühere Stuttgarter Reichstagsabgeordnete hatte unter der nationalsozialistischen Diktatur unendlich viel mehr gelitten als der ehemalige rheinische Zentrumspolitiker. Ergab sich nicht schon daraus ein moralischer Anspruch Schumachers auf die politische Führung im Nachkriegsdeutschland? In der Einschätzung der Sowjetunion und der deutschen Kommunisten verband Schumacher und Adenauer viel, und es war nur eine rhetorische Übertreibung, wenn der Sozialdemokrat im September 1950 behauptete, in Deutschland sei zum Glück der Weltdemokratie die «Opposition stärker antikommunistisch und prodemokratisch als die Regierung». Im Oktober 1951 bezeichnete er die SPD als den «stärksten antikommunistischen Faktor auf dem europäischen Kontinent» und hatte damit strategisch recht. «Was wäre aus Deutschland geworden, wenn wir Ja gesagt hätten?» fragte er im Mai 1950 im Hinblick auf die unter Druck und Zwang erfolgte Vereinigung von SPD und KPD in der sowjetischen Besatzungszone im Frühjahr 1946. Die Antwort liegt auf der Hand: Nicht nur die deutsche, sondern auch die europäische und die Weltgeschichte hätten einen anderen Verlauf genommen.[17]

Aber sowjetische Absichten zu erkennen, war eines. Ein anderes war es, politisch angemessen darauf zu reagieren. Schumacher verwies gern auf Lenins Wort, wer Deutschland habe, der habe Europa. Für Stalin kam alles darauf an, die Vereinigten Staaten aus Europa herauszudrängen. Die militärische Neutralisierung Deutschlands hätte die Sowjetunion diesem Ziel ein entscheidendes Stück nähergebracht. Eben deswegen war Adenauers Politik in sich schlüssig – und die Schumachers nicht.

Die Gründung der Bundesrepublik lag in der Logik von Schumachers historischem Nein zum Zusammenschluß mit den Kommunisten. Die Westintegration der Bundesrepublik lag in der Logik der Staatsgründung, aber dieser Logik verweigerte sich die SPD bis zu Herbert Wehners historischer Bundestagsrede vom 30. Juni 1960. Der Preis der Westintegration war die fortdauernde Teilung Deutschlands. Hätte bei der Auseinandersetzung um den Vorrang von Westintegration oder Wiedervereinigung nicht die Sozialdemokratie den nationalen Part übernommen, wäre diese Rolle anderen Kräften zugefallen – und zwar, wie Schumacher immer wieder betonte, extremen Kräften von links und von rechts. So gesehen, trug die Sozialdemokratie durch ihre Opposition wesentlich dazu bei, die inneren Voraussetzungen für Adenauers Außenpolitik zu schaffen. Mit Recht konnte der Vorsitzende der SPD daher am 15. November 1949 den Regierungsparteien im Bundestag zurufen: «Hüten Sie sich, die Sozialdemokratie nationalistisch zu sehen, wie das bei einigen Neueuropäern üblich ist. Sie verspielen sonst einen großen Trumpf, den das ganze deutsche Volk heute schon braucht und vielleicht in Zukunft noch sehr viel stärker brauchen wird.»[18]

Daß Schumacher sich dagegen verwahrte, als Nationalist etikettiert zu werden, verstand sich von selbst, erspart dem Historiker aber nicht die Frage, ob dieser zeitgenössische Vorwurf bloße Polemik war. Schumacher dachte nationaler und nationalstaatlicher als Adenauer, und in seinen Reden überschritt er mehr als einmal die Grenze zum Nationalistischen. Doch das taten auch viele seiner innenpolitischen Gegner, die im Lager Adenauers standen und dessen supranationale Politik unterstützten. Schumacher wich auch nicht vom bundesrepublikanischen Konsens seiner Zeit ab,

5. Kurt Schumacher und die nationale Frage

wenn er in der Frage der deutschen Ostgrenze eine entschieden nationale Position bezog und die Endgültigkeit der Oder-Neiße-Grenze emphatisch ablehnte. Eine Wiedervereinigung in den Grenzen der vier Besatzungszonen hätte die meisten Deutschen im Frühjahr 1952, als Stalins Noten diese Möglichkeit einen Augenblick lang anzudeuten schienen, völlig unvorbereitet getroffen. Da weder Regierungsparteien noch sozialdemokratische Opposition ihre Anhänger auf den definitiven Verlust der Ostgebiete vorbereitet hatten, wäre ein dergestalt vereinigtes Deutschland mit der schweren Hypothek eines nationalen Irredentismus belastet gewesen und schon deswegen zu einem europäischen Krisenherd geworden. Schumacher, der Adenauer vergeblich zum Ausloten der sowjetischen Angebote drängte, hat diese Gefahr wohl kaum in ihrer ganzen Tragweite erkannt. Aber das gilt auch für jene Historiker und Publizisten, die noch heute den Mythos von der damals versäumten Chance pflegen. Deutschland war, solange es die Oder-Neiße-Grenze in Frage stellte, nicht reif für die Wiedervereinigung.

Schumachers Bekenntnisse zum Internationalismus waren keine Pflichtübungen, reichen aber auch nicht als Beleg für die Behauptung aus, Nationalismus habe ihm fern gelegen. «Wir sind *international*, das heißt, *nicht antinational und nicht supranational*», erklärte er am 1. Juli 1951 auf dem Gründungskongreß der Sozialistischen Internationale in Frankfurt.[19] Wäre Schumacher 1949 Bundeskanzler geworden, hätte sich seine Politik von der Adenauers wesentlich unterschieden. Schumacher war so tief in der Tradition des ersten deutschen Nationalstaates verwurzelt, daß ihm zu einer Politik der westeuropäischen Einigung, wie sie Adenauer betrieb, die entscheidende Voraussetzung fehlte: die Einsicht in die Notwendigkeit. Ob jene «vorbehaltlose Öffnung der Bundesrepublik gegenüber der politischen Kultur des Westens», in der Jürgen Habermas die größte intellektuelle Leistung der westdeutschen Nachkriegszeit sieht, sich auch unter der Ägide Schumachers und Ollenhauers vollzogen hätte, ist fraglich.[20] Es entbehrt jedenfalls nicht der Ironie, daß viele derer, die Adenauers Politik damals mit gesamtdeutschen Argumenten bekämpften, sich in der Folgezeit zu einer Art posthumen Adenauerschen Linken entwickelten. Was sie rückblickend von Schumacher trennt und mit Adenauer verbindet, sind deren unterschiedliche Haltungen zur «nationalen Frage». Zwar ist nicht jeder, der sich heute «postnational» verortet, ein Linker. Aber der typische Linke der alten Bundesrepublik ist «postnational» und steht Adenauer damit näher als Schumacher.

Problematisch ist dieser Befund, weil das vereinte Deutschland nicht mehr das ist, als was Karl Dietrich Bracher die alte Bundesrepublik erstmals 1976 bezeichnet hat: eine «postnationale Demokratie unter Nationalstaaten».[21] Als postklassischer, fest in supranationale Gemeinschaften integrierter Nationalstaat hebt die neue Bundesrepublik den Gegensatz zwischen Adenauer und Schumacher in gewisser Weise auf. Auf einer besonderen «postnationalen» Qualität des gesamtdeutschen Staates zu beharren, hieße einem westdeutschen Vorbehalt in bezug auf Deutschland als Ganzes das Wort reden und damit verkennen, was sich durch den 3. Oktober 1990 geändert hat. Erreicht wurde an diesem Tag, was Kurt Schumacher fast vier Jahrzehnte zuvor, am 9. Oktober 1951, als politische Aufgabe der Bundesrepublik beschrieben hat: «Das Ziel jeder deutschen Politik muß sein, das ganze Deutschland in den Kreis der freien Völker einzugliedern.»[22]

6.

KEIN BRUCH MIT LENIN

Die Weimarer Republik
im Geschichtsbild von SED und PDS

An Weimar scheiden sich in Deutschland noch immer die Geister. Im Westen des Landes hatte sich nach 1945 eine Art von Elitenkonsens in der Beurteilung der ersten deutschen Republik herausgebildet, der seinen Niederschlag im Grundgesetz der Bundesrepublik Deutschland fand. Die Verfassung, die der Parlamentarische Rat in Bonn 1948/49 erarbeitete, war auf weiten Strecken ein Versuch, aus Weimar zu lernen. Nie wieder sollte es möglich sein, die demokratische Ordnung auf legalem Weg zu beseitigen, nie wieder sollte ein republikanisches Staatsoberhaupt die Rolle des Ersatzgesetzgebers übernehmen und das Parlament ausschalten können, nie wieder eine negative, nicht regierungsfähige Mehrheit das Recht haben, einen Kanzler zu stürzen. Der Parlamentarische Rat ersetzte daher die relativistische durch eine abwehrbereite Demokratie, die ihren Feinden vorsorglich den Kampf ansagte; er verlieh dem Amt des Bundespräsidenten eine überwiegend repräsentative Bedeutung; er führte das konstruktive Mißtrauensvotum ein, das mehr als jeder andere Verfassungsartikel dazu beitrug, aus der Bundesrepublik eine «Kanzlerdemokratie» zu machen. Und auch darin zog Bonn aus Weimar Konsequenzen, daß es die plebiszitäre Konkurrenz zur parlamentarischen Demokratie beseitigte und damit den Bundestag als Gesetzgebungsorgan stärkte.

Der andere deutsche Staat, die Deutsche Demokratische Republik, zog radikal andere Schlußfolgerungen aus Weimar als die Bundesrepublik. Die erste deutsche Republik war der marxistisch-leninistischen Deutung zufolge aus einer «bürgerlich-demokratischen Revolution» hervorgegangen, «die in gewissem Umfang mit proletarischen Mitteln und Methoden durchgeführt wurde». Der angebliche Klassenverrat der mehrheitssozialdemokratischen Führung ermöglichte es der Monopolbourgeoisie jedoch, ihre Herrschaftspositionen zu behaupten und auszubauen. Im Zuge der verschärften Krise des Kapitalismus nach 1929 betrieben die Spitzen der Monopolbourgeoisie dann der SED zufolge die Ablösung der bürgerlichen Demokratie durch den Faschismus. Den «Faschismus an der Macht» interpretierten die SED und ihre Historiker, entsprechend der seit Dezember 1933 gültigen Doktrin der Kommunistischen Internationale, als die «offene terroristische Diktatur der reaktionärsten, am meisten chauvinistischen, am meisten imperialistischen Elemente des Finanzkapitals» – eine Formel, die im Laufe der Jahre zwar zunehmend differenzierter ausgelegt, aber dennoch prinzipiell beibehalten wurde.

Die Machtübernahme des Faschismus wäre nach dieser Lesart nur durch eine rechtzeitige Klärung der Machtfrage zugunsten der Arbeiterklasse und ihrer Verbündeten zu verhindern gewesen. Daß diese Klärung nicht erfolgte, lag, so weiter die offizielle Geschichtsauffassung der DDR, an der Spaltung der Arbeiterklasse durch die sozialdemokratische Führung. Aus dieser Erfahrung galt es nach der Befreiung vom Faschismus die einzig richtige Konsequenz zu ziehen: Die Arbeiterklasse mußte sich zu *einer* Partei vereinigen, die konsequent mit den Traditionen des sozialdemokratischen Opportunismus brach und sich in den Besitz der entscheidenden staatlichen und gesellschaftlichen Machtpositionen setzte. Da der westliche Imperialismus, unterstützt von den rechten sozialdemokratischen Führern, die Erfüllung dieser historischen Aufgabe im Westen Deutschlands fürs erste unmöglich machte, konnten die Lehren aus Weimar zunächst nur in dem Teil Deutschlands befolgt werden, der dank der solidarischen Hilfe der Sowjetunion dem Zu-

6. Kein Bruch mit Lenin

griff des Imperialismus entzogen blieb: in der DDR. Das waren die geschichtspolitischen Vorgaben, an denen sich die Historiker der SED ausrichteten – zuletzt mit mancher Nuancierung im einzelnen, aber in den Grundzügen doch linientreu.[1]

Weil beide deutsche Staaten die erste Republik so verschieden interpretierten – der westliche als historisches Argument für die Notwendigkeit einer «konstitutionellen» Demokratie, der östliche als Rechtfertigung einer Diktatur marxistisch-leninistischer Prägung –, ruft der Hinweis auf «Weimarer Erfahrungen» im wiedervereinigten Deutschland höchst unterschiedliche Assoziationen hervor. In der alten Bundesrepublik hatte es zahllose Kontroversen um Weimar gegeben: Über die Handlungsspielräume und Alternativen in der Revolution von 1918/19 war ebenso ausgiebig gestritten worden wie über die Ursachen für das Scheitern der Republik, über die Rolle von Parteien und gesellschaftlichen Gruppen nicht minder als über die einzelner Persönlichkeiten. Das Ergebnis der Debatten war ein relativ weitgehender Konsens: Weimar war der überfällige Versuch, Deutschland politisch auf das Niveau der westlichen Demokratien zu heben – ein Versuch, dessen Fehlschlag viel mit der Langlebigkeit obrigkeitsstaatlicher Traditionen zu tun hatte. Die Lehren, die der Parlamentarische Rat aus Weimar gezogen hatte, blieben in der Substanz unbestritten. Sie galten und gelten als *eine* der Bedingungen dafür, daß «Bonn» nicht «Weimar» wurde.

In den neuen Bundesländern sind solche «Weimarer Erfahrungen» kaum abrufbar. Die Geschichtspolitik der SED war zumindest insofern erfolgreich, als sie dem westlichen Diskurs über Weimar einen breiteren Widerhall in der DDR verwehrte. Die SED zog nur «antifaschistische», aber keine «antitotalitären» Folgerungen aus Weimar, und das wirkt bis heute nach. In verballhornter Form ist auch bei Menschen, die der SED kritisch bis ablehnend gegenüberstanden, manches von dem hängengeblieben, worauf es der führenden Partei ankam: ein Geschichtsbild, das ihre Herrschaft legitimierte. Kern dieses Geschichtsbildes war der Mythos der Kommunistischen Partei, die stets an der Spitze des gesellschaftlichen Fortschritts stand und als einzige politische Kraft Reaktion, Imperialismus und Faschismus konsequent bekämpfte. Der Antifaschismus und Antiimperialismus der Kommunisten bildete die Gründungslegende der DDR und wurde für viele Bürger dieses Staates zu dem, was die ostdeutsche Psychotherapeutin Annette Simon treffend als eine Art Loyalitätsfalle beschrieben hat.[2] Unverträglich mit dem Mythos war alles, was ihm widersprach und folglich tabuisiert wurde. Daß die KPD von Anfang an einen verbissenen Kampf gegen die «bürgerliche» Republik von Weimar geführt und einen wesentlichen Beitrag zum Aufstieg des Nationalsozialismus geleistet hat, das wollte und konnte die SED nicht zugeben. Sie hätte ihre Herrschaft gefährdet, wäre sie mit ihrer Vergangenheit selbstkritisch ins Gericht gegangen.

Der einzige wirklich gravierende Irrtum der Kommunisten war aus der Sicht der SED die These vom «Sozialfaschismus», womit die Sozialdemokratie gemeint war.[3] Diese These, die 1929 sozusagen kanonische Geltung erlangte, wurde 1935 von der Kommunistischen Internationale aus dem Verkehr gezogen und später, im Zuge der «Entstalinisierung», als Ausdruck einer Fehleinschätzung kritisiert. Aber statt die Folgen dieses «Fehlers» konkret zu benennen, zog es die SED vor, die einschlägigen Verlautbarungen in Vergessenheit geraten zu lassen: Die breit angelegte Quellenedition «Dokumente und Materialien zur Geschichte der deutschen Arbeiterbewegung» bricht mit dem Spätjahr 1929 abrupt ab. Eines der für die KPD peinlichsten Ereignisse aus der Endphase Weimars, ihr Zusammengehen mit Nationalsozialisten, Deutschnationalen und «Stahlhelm» beim Volksentscheid gegen die von dem Sozialdemokraten Otto Braun geführte preußische Koalitionsregierung im Sommer 1931, wurde entweder dem «ultralinken» ZK-Mitglied Heinz Neumann und Stalin in die Schuhe geschoben (so in der offiziellen «Geschichte der deutschen Arbeiterbewegung») oder einfach verschwiegen (so beispielsweise in dem mehrfach aufgelegten Buch von Wolfgang Ruge «Weimar – Republik auf Zeit»).[4]

Die Partei, in die sich die SED Anfang 1990 durch Umbenennung verwandelt hat, die PDS, nimmt für sich in Anspruch, ihrer Geschichte kritisch gegenüberzustehen. Im Parteiprogramm vom Januar 1993 heißt es: «Betroffen und nachdenklich angesichts der Irrtümer, Fehler und Verbrechen, die im Namen des Sozialismus begangen wurden, befragen wir kritisch im Bewußtsein unserer eigenen Verantwortung für die Entstellung der sozialistischen Idee unsere geistige und politische Tradition.» Von der KPD und der Weimarer Republik ist in dem Programm nicht die Rede, wohl aber von dem «welthistorischen Ereignis der sozialistischen Oktoberrevolution von 1917», dem die «Menschheit grundlegende günstige Entwicklungen im 20. Jahrhundert» verdanke.[5] Wer Näheres über das Verhältnis der PDS zur Geschichte des deutschen und internationalen Kommunismus sowie zur deutschen Geschichte der Jahre 1918 bis 1933 erfahren will, ist auf andere Quellen angewiesen – insbesondere auf Artikel des «Neuen Deutschland», das freilich von der PDS nicht als offizielles Parteiorgan betrachtet wird, und auf Veröffentlichungen von Historikern, die der Partei des Demokratischen Sozialismus angehören oder nahestehen.

Das Meinungsspektrum, dem die PDS ein Dach bietet, ist buntscheckig. Es reicht von überwiegend apologetischen bis zu relativ kritischen Haltungen. «Radikal» aber kann man die historische Selbstkritik der Erben des deutschen Kommunismus nicht nennen. «Radikal sein ist die Sache an der Wurzel fassen», hat Marx in der Einleitung zur Hegelschen Rechtsphilosophie bemerkt.[6] Im Sinne dieses Verdikts reicht es nicht aus, den Methoden Stalins eine Absage zu erteilen, wie es die SED/PDS im Dezember 1989 tat und dann, weil die Eindeutigkeit dieser Distanzierung mittlerweile ins

Zwielicht geraten war, im Januar 1995 auf ihrem 4. Parteitag nochmals tun mußte. Es wäre ein qualitativer Sprung in der Selbstkritik der PDS, würde sie sich auch von Lenin und dem Leninismus lossagen. Dazu aber hat sich die Partei des Demokratischen Sozialismus bis heute nicht durchgerungen, und ebensowenig ist sie bereit, ihre Vorgängerpartei, die KPD, als das zu bezeichnen, was sie war: eine totalitäre Partei, die sich offen zu «Sowjetdeutschland», also zur Errichtung einer Diktatur nach sowjetischem Muster, bekannte.

Kritik an der Kommunistischen Partei Deutschlands und ihrem langjährigen Vorsitzenden Ernst Thälmann wird von einigen Historikern der PDS durchaus geäußert. So klärte im Juli 1993 Klaus Kinner die Leser des «Neuen Deutschland» über die (von der SED jahrelang verschleierte) «Wittorf-Affäre» auf: Ende September 1928 enthob das Zentralkomitee der KPD Thälmann aller seiner Funktionen, weil dieser die Unterschlagung von Parteigeldern durch seinen persönlichen Freund John Wittorf vertuscht hatte; einen Monat später jedoch mußte der Beschluß auf Weisung Stalins (oder, formell, des Exekutivkomitees der Kommunistischen Internationale) wieder aufgehoben werden – mit der Folge, daß Thälmann fortan Parteivorsitzender von Stalins Gnaden war. Kinner nennt die Wittorf-Affäre den «Sündenfall der KPD» und spricht Thälmann in einem weiteren Artikel vom 31. Dezember 1993 eine entscheidende Mitverantwortung dafür zu, daß sich die KPD in der zweiten Hälfte der zwanziger Jahre immer mehr von «ihren Quellen» entfernt habe. Doch das «Wissen um die Irrwege, die Fehler und Deformationen in der Geschichte der KPD, die strukturellen Defekte der kommunistischen Bewegung» hindern den Autor nicht, der KPD zugute zu halten, daß sie in ihrem antifaschistischen Kampf trotz der «Dominanz stalinistischer Strukturen» einen «kämpferischen Demokratismus» bewiesen habe.[7]

Anderen Historikern der PDS geht eine Kritik à la Kinner bereits viel zu weit. Für Heinz Karl bleibt Thälmann

6. Kein Bruch mit Lenin

«wie jeder andere historische Akteur (sic!) ein Kind seiner Zeit», dem allenfalls «die Diskrepanz zwischen dem ehrlichen Streben nach einem anderen Deutschland und dem Unvermögen, sich aus dogmatischen und schematischen Positionen zu befreien», vorzuhalten ist.[8] Folgerichtig verwahrt sich der gleiche Autor auch dagegen, die KPD als «stalinistische Partei» zu bezeichnen. «Stalinistisch deformierte Strukturen, stalinistische ideologische Einflüsse und politische Einwirkungen» hätten sich auf die Entwicklung der KPD zwar negativ ausgewirkt, aber «nicht allein ihren Charakter, ihre Rolle in der deutschen Gesellschaft bestimmen» können. «Die Politik der KPD wurzelte primär in den deutschen Klassenauseinandersetzungen.»[9]

Sehr viel platter ist die Apologie Eberhard Czichons, des ehemaligen Sprechers der Kommunistischen Plattform in der PDS. Für Thälmann habe es in den Jahren der Stalinisierung der Komintern «keine Alternative für einen nichtstalinistischen Kurs der KPD» gegeben: «Er mahnte zwar ein differenzierendes Verhältnis zur SPD an, unterlag aber gleichzeitig der Sozialfaschismus-These Stalins.»[10] Thälmann, ein Opfer der politischen Verführung durch einen noch Größeren: Es gibt eine Art von Verteidigung, die, wenn auch unfreiwillig, von einer Anklage kaum noch zu unterscheiden ist.

Dem Verständnis für die KPD entspricht Unverständnis, wo es um die SPD geht. Kurt Finker, der die Rolle der KPD sehr viel kritischer bewertet als Czichon, listet zur Entlastung der Kommunisten angebliche sozialdemokratische Sünden auf. Dazu rechnet er die Wiederwahl Hindenburgs zum Reichspräsidenten im Frühjahr 1932 – und unterläßt jeden Hinweis darauf, daß der kaiserliche Generalfeldmarschall damals der einzige Kandidat war, der Hitler schlagen konnte. Ebenso abgeschmackt ist der alte Vorwurf, die SPD habe am 20. Juli 1932 – dem Tag des «Preußenschlags», an dem Reichskanzler von Papen die geschäftsführende Minderheitsregierung des Sozialdemokraten Otto Braun absetzen ließ – den kommunistischen Aufruf zum gemeinsamen Generalstreik abgelehnt. Die KPD hatte, was Finker verschweigt, die Regierung Braun bis zuletzt erbittert bekämpft und wäre schon deswegen nicht in der Lage gewesen, ihre Anhänger für die Wiedereinsetzung dieses Kabinetts zu mobilisieren. Das wollte die KPD auch gar nicht. Ihr ging es darum, die Sozialdemokraten «vorzuführen». Ein Generalstreik hätte in den letzten Jahren der Weimarer Republik aus der Sicht von KPD und Komintern nur als unmittelbare Vorstufe der kommunistischen Revolution Sinn gehabt – ein Ziel, das erklärtermaßen nur über die Ausschaltung der Sozialdemokratie zu erreichen war.

So ahistorisch wie Finkers Behauptungen zum Thema «Generalstreik» ist auch der Vorwurf des «Legalismus», den er gegen die SPD erhebt. Ohne striktes Festhalten an der Verfassung und den geltenden Gesetzen hätten die Sozialdemokraten ihr «Bollwerk Preußen» gar nicht bis in den Sommer 1932 hinein behaupten können. «Legalismus» war eine der Geschäftsgrundlagen jener «Weimarer Koalition» von SPD, katholischem Zentrum und liberaler Deutscher Demokratischer Partei (ab Juli 1930: Deutsche Staatspartei), die Preußen zu mehr demokratischer Stabilität verholfen hatte als dem Reich.

Wenn es einen problematischen Preis für die Aufrechterhaltung der Preußenkoalition gab, dann war es die sozialdemokratische Tolerierung des Zentrumskanzlers Heinrich Brüning vom Oktober 1930 bis zu dessen Entlassung durch Hindenburg Ende Mai 1932. Wegen der sozialen Härten von Brünings Notverordnungen war die sozialdemokratische Tolerierungspolitik auch in den eigenen Reihen von Anfang an umstritten. Aber da die SPD die Macht in Preußen nicht leichtfertig preisgeben durfte, mußte sie das Junktim akzeptieren, daß sozialdemokratische Beihilfe zum Sturz Brünings vom Zentrum mit der Aufkündigung der Weimarer Koalition in Preußen beantwortet worden wäre.[11]

6. Kein Bruch mit Lenin

An der Art, wie die Historiker der PDS das Verhältnis von SPD und KPD in den Jahren von 1918 bis 1933 behandeln, wird deutlich, wie wenig sich die Partei des Demokratischen Sozialismus intellektuell von der SED emanzipiert hat. Was für die Weimarer Republik im allgemeinen gilt, trifft im besonderen für deren Gründung zu. Die Beurteilung der Revolution von 1918/19 (von der PDS wie von der SED «Novemberrevolution» genannt) liefert geradezu einen Lackmustest für das Demokratieverständnis der PDS. Noch immer verbreitet diese Partei, nicht selten unter Berufung auf Sebastian Haffner, die Behauptung von der «verratenen Revolution». Der «Verrat» wird den Mehrheitssozialdemokraten um Friedrich Ebert und Philipp Scheidemann angelastet. Insofern hat sich an der Geschichtsdeutung von KPD und SED nur wenig geändert.[12]

Wie ungebrochen die Geschichtspropaganda von KPD und SED in der PDS nachwirkt, haben Ende Oktober 1994 ungewollt die Mitarbeiterinnen und Mitarbeiter der Bundestagsabgeordneten dieser Partei demonstriert. Auf die Forderung der SPD von Mecklenburg-Vorpommern, die PDS solle zugeben, daß die Zwangsvereinigung von SPD und KPD im Jahre 1946 Unrecht war, und sich für die Verfolgung der Sozialdemokraten in der DDR entschuldigen, antworteten die Mitarbeiter der PDS-Parlamentarier mit der Gegenforderung, die SPD möge sich ihrerseits für bestimmte Posten auf dem sozialdemokratischen Schuldkonto öffentlich entschuldigen – was der Vorsitzende der Bundestagsgruppe der PDS, Gregor Gysi, prompt «witzig» nannte.[13] Das Sündenregister ist lang. Es reicht vom Ja zu den Kriegskrediten am 4. August 1914 bis zur «faktischen Abschaffung des Grundrechts auf Asyl» im Jahre 1993. Aus der Zeit der Weimarer Republik werden der SPD vorgehalten: die «publizistische Beihilfe des ‹Vorwärts› zum Mord an Karl Liebknecht und Rosa Luxemburg», die Rolle des Volksbeauftragten Gustav Noske «bei der Niederwerfung der Novemberrevolution», der Berliner «Blutmai» von 1929 und der auch schon von Finker erwähnte Aufruf der SPD zur Wiederwahl des Reichspräsidenten von Hindenburg im Frühjahr 1932.

«Stark treten noch Wahrnehmungs- und Wertungsmuster des SED-Parteilehrjahres hervor», heißt es in einer Erklärung der Historischen Kommission beim Bundesvorstand der PDS zur Geschichtsdiskussion innerhalb der Partei.[14] Dieses ebenso strenge wie sachverständige Urteil stammt zwar vom Januar 1993. Aber es trifft auch noch auf die Verlautbarung der Mitarbeiter der PDS-Abgeordneten vom Oktober 1994 zu. Das Geschichtsbild, dem die Zuarbeiter der PDS-Parlamentarier und vermutlich die meisten Funktionäre und Mitglieder der Partei des Demokratischen Sozialismus anhängen, ist, was die SPD angeht, über die offizielle, von Walter Ulbricht persönlich überwachte «Geschichte der deutschen Arbeiterbewegung» aus dem Jahr 1966 nicht wesentlich hinausgelangt. Daß die SPD sich mit ihrer Geschichte seit Jahrzehnten selbstkritisch, ja oft selbstquälerisch auseinandersetzt: die PDS-Mitarbeiter wissen es nicht oder tun so, als wüßten sie es nicht. Die sozialdemokratische Zustimmung zu den Kriegskrediten im August 1914 können sie nur deshalb als Skandal präsentieren, weil sie das Hauptmotiv geflissentlich verschweigen: die Sorge vor einem Einmarsch russischer Truppen.[15] Bei der nächsten «Sünde» der SPD spielen die Verfasser auf ein erbärmliches Hetzgedicht an, das der «Vorwärts» am 13. Januar 1919, zwei Tage vor der Ermordung von Karl Liebknecht und Rosa Luxemburg, veröffentlichte. Daß der Autor sich nach der Bluttat im sozialdemokratischen Parteiorgan für seine gereimte Entgleisung entschuldigt hat, bleibt wohlweislich unerwähnt.[16]

Kein Wort auch davon, daß Gustav Noske 1920 von seinen Parteifreunden als Reichswehrminister gestürzt wurde und fortan in der SPD als «Unperson» galt, daß Karl Zörgiebel, der Hauptverantwortliche des katastrophalen Polizeieinsatzes bei den Maiunruhen von 1929, im Jahr darauf

6. Kein Bruch mit Lenin

seines Postens als Berliner Polizeipräsident enthoben wurde.[17] Noch weniger paßt den «Historikern» der PDS ins Konzept, was zum Thema Hindenburg hätte gesagt werden müssen: Seine erste Wahl zum Reichspräsidenten verdankte der kaiserliche Generalfeldmarschall 1925 nicht zuletzt der Tatsache, daß die KPD im zweiten Wahlgang an der sinnlosen Zähldiktatur Ernst Thälmanns festhielt und damit einen Erfolg des gemeinsamen Kandidaten der «schwarz-rot-goldenen» Parteien, Wilhelm Marx, vereitelte. Als Thälmann 1932 gegen Hindenburg und Hitler antrat, war jede Stimme für ihn im Endeffekt ein Votum für die Katastrophe: Hätte Hindenburg nicht, mit Hilfe der Wähler der SPD, der bürgerlichen Mitte und der gemäßigten Rechten, Hitler aus dem Feld geschlagen, wäre das «Dritte Reich» am Abend des 10. April 1932, des Tages des zweiten Wahlgangs der Reichspräsidentenwahl, proklamiert worden.[18]

Die Geschichtsklitterungen der PDS haben Methode. Unbeirrt hält die Partei des Demokratischen Sozialismus an der historischen Lebenslüge der SED fest, eine einige marxistische Arbeiterbewegung hätte die Republik retten und Hitler verhindern können. Wahr ist, daß die Spaltung der deutschen Arbeiterbewegung *beides* war: Vorbelastung *und* Vorbedingung der ersten deutschen Demokratie. Die marxistische Vorkriegssozialdemokratie lehnte eine Zusammenarbeit mit bürgerlichen Parteien grundsätzlich ab. Wäre die SPD nicht am Streit um die Kriegskredite zerbrochen, dann an einem Eintritt von Sozialdemokraten in ein Koalitionskabinett. Die parlamentarische Demokratie von Weimar kam überhaupt nur zustande, weil der gemäßigte Flügel der marxistischen Arbeiterbewegung, die Mehrheitssozialdemokratie, bereit war, mit den gemäßigten Kräften des Bürgertums zusammenzuwirken. Was die Kommunisten als «Klassenverrat» brandmarkten, war das Gesetz, nach dem Weimar angetreten war: der «Klassenkompromiß».

Der Gegensatz zwischen Sozialdemokraten und Kommunisten war nicht taktischer, sondern existentieller Natur.

Für die Mehrheitssozialdemokraten war die parlamentarische Demokratie das logische Resultat aus der bisherigen Verfassungsentwicklung Deutschlands und zugleich der Brückenschlag zu den klassischen Demokratien des Westens. Die Kommunisten propagierten die «Diktatur des Proletariats» und die Verbrüderung mit den russischen Bolschewiki. Der von der jungen KPD mitgetragene Januaraufstand von 1919, oft auch «Spartakusaufstand» genannt, war der Versuch einer putschistischen Minderheit, die Wahlen zur Verfassunggebenden Nationalversammlung, die auf den 19. Januar angesetzt worden waren, gewaltsam zu verhindern. Wäre der Versuch gelungen, hätte Deutschland einen Bürgerkrieg mitsamt alliierter Intervention ähnlich wie in Rußland erlebt. Was immer die Mehrheitssozialdemokraten sich an Fehlentscheidungen und Unterlassungen in der revolutionären Gründungsphase der Weimarer Republik vorhalten lassen müssen und seit langem selber vorhalten: Sie hätten ihre demokratische Tradition verraten, wären sie den Kräften des Umsturzes nicht entschieden entgegengetreten.[19]

Bereits im Jahre 1920 setzte die Bolschewisierung des deutschen Kommunismus ein, die den Bruch innerhalb der Arbeiterbewegung unheilbar machte. Über der Frage, ob sie sich der neuen, von Lenin gegründeten Kommunistischen Internationale anschließen und damit auf das bolschewistische Partei- und Revolutionsmodell festlegen solle, spaltete sich damals die Unabhängige Sozialdemokratische Partei – die 1917 gegründete Partei der Kriegskreditgegner, der bis Ende Dezember 1918 auch die «Spartakusgruppe» um Karl Liebknecht und Rosa Luxemburg angehört hatte. Die radikale Mehrheit entschied sich für den Anschluß an die Kommunistische Internationale und die Vereinigung mit der KPD, die erst dadurch zur proletarischen Massenpartei aufstieg; die gemäßigte Minderheit blieb zunächst eine selbständige Partei, vereinigte sich dann aber 1922 unter dem Eindruck einer Welle rechtsradikaler Terroranschläge, die am 24. Juni jenes Jahres in der Ermordung des Reichsaußenministers Walther Rathenau gipfelten, wieder mit den Mehrheitssozialisten. Koalitionen mit bürgerlichen Parteien fielen der Vereinigten Sozialdemokratie fortan schwerer als in der Zeit, in der es zwei sozialdemokratische Parteien gegeben hatte: Die ehemaligen Unabhängigen verstärkten den linken, orthodox marxistischen Flügel der Partei, der «Klassenkompromisse» auf das Maß des innen- und außenpolitisch absolut Unvermeidbaren beschränken wollte.

Die PDS spekuliert, wenn sie die «Einheit der Linken» beschwört und den Sozialdemokraten eine gemeinsame Fehlerdiskussion ansinnt, auf das fortwirkende Erbe des Marxismus in der Sozialdemokratie. Tatsächlich bildete dieses Erbe schon zu Zeiten der Weimarer Republik keine Brücke mehr zwischen den verfeindeten Flügeln der «marxistischen» Arbeiterbewegung. Die Sozialdemokraten hatten nicht der Marxschen Theorie, wohl aber der Revolution abgeschworen; sie waren die Staatsgründungspartei der ersten deutschen Republik und die einzige Partei, die diese Republik bis zuletzt ohne Wenn und Aber verteidigte. Die Kommunisten dagegen bejahten den gewaltsamen Sturz der «bürgerlichen» Demokratie und bekannten sich zur proletarischen Revolution, aus der «Sowjetdeutschland» hervorgehen sollte.

Am 4. Juli 1928 brachte der kommunistische Abgeordnete Arthur Ewert, innerhalb des Parteispektrums eher ein «Gemäßigter», vor dem Plenum des Reichstags die Haltung der KPD zur Weimarer Republik auf eine knappe Formel: «Die Kommunistische Partei steht diesem Staat, seinen Institutionen und seiner Politik grundsätzlich ablehnend gegenüber. Sie ist für die Zertrümmerung dieses Staates und seiner Institutionen.»[20] Zwei Wochen später begann in Moskau der Sechste Weltkongreß der Kommunistischen Internationale, der alle kommunistischen Parteien auf eine neue, ultralinke Generallinie festlegte. Ihr wesentliches Merkmal war der verschärfte Kampf gegen die Sozialdemokraten – die «Sozialfaschisten», wie sie bald darauf durchgängig genannt wurden. Auch nachdem Hitlers Nationalsozialisten längst zur weitaus stärksten deutschen Partei aufgestiegen waren, blieb es bei der 1928 beschlossenen Linie. Den Hauptschlag müßten die Kommunisten, so verlangte noch im September 1932 das Exekutivkomitee der Komintern, gegen die Sozialdemokratie, «diese soziale Hauptstütze der Bourgeoisie», richten, und nur wenn dies geschehe, könne man den «Hauptklassenfeind des Proletariats, die Bourgeoisie, mit Erfolg schlagen und zerschlagen».[21]

Mit ihrer Propaganda für Klassenkampf, Revolution und Bürgerkrieg schürten die Kommunisten Ängste, die niemand so geschickt auszubeuten verstand wie Hitler. Eine revolutionäre Umwälzung wollte auch er, aber anders als die Kommunisten betonte er seine Absicht, «legal» an die Macht zu kommen. Diese Taktik war den deutschen Verhältnissen ungleich besser angepaßt als die der extremen Linken, und das war eine wesentliche Vorbedingung für Hitlers fatalen Erfolg.

Bei den Historikern und Theoretikern der PDS findet man auch nicht den Schatten einer Einsicht in die tieferen Ursachen des Scheiterns der ersten deutschen Demokratie. Den Beitrag, den die Kommunisten zur Zerstörung der Weimarer Republik geleistet haben, hat die PDS, abgesehen von den seit langem eingeräumten «Fehlern» im Zeichen der Sozialfaschismus-These, bis heute nicht aufgearbeitet. Noch immer aber wird den Sozialdemokraten vorgeworfen, daß sie 1918/19 der Revolution in den Rücken gefallen seien. Dabei verschweigen die Historiker der PDS, daß *die* Revolution, die sie meinen, zur Errichtung nicht einer Demokratie, sondern zu einer kommunistischen Diktatur geführt hätte, also mit sozialdemokratischen Zielen unvereinbar war. Noch immer wird die «historische Legitimität der Oktoberrevolution» beschworen (so von André Brie im März 1992).[22] Davon, daß die bolschewistische Parteidiktatur

6. Kein Bruch mit Lenin

nicht erst mit Stalin, sondern bereits unter Lenin, nämlich mit der gewaltsamen Sprengung der freigewählten russischen Konstituante im Januar 1918 begann, ist nur selten die Rede. Die PDS mag sich von Stalin immer wieder distanzieren, den Bruch mit Lenin hat sie bis heute nicht vollzogen.[23]

Doch selbst ein Bruch mit Lenin wäre noch nicht «radikal» im Sinne von Marx. Wollte die PDS wirklich «die Sache an der Wurzel fassen», müßte sie auch Grundannahmen von Marx in Frage stellen. Immerhin konnte Lenin sich darauf berufen, daß Marx die Aufhebung der «bürgerlichen» Gewaltenteilung durch die Pariser Kommune theoretisch legitimiert und Engels ebendiese Kommune zum Modell der «Diktatur des Proletariats» erhoben hatte. Selbst Lenins revolutionäre Avantgarde ist schon bei Marx vorgebildet: in den «Dirigenten», denen er im dritten Band des «Kapital» die «Arbeit der Oberaufsicht und Leitung» zuwies – eine Arbeit, die Marx zufolge auch nach der revolutionären Überwindung der kapitalistischen Produktionsweise notwendig ist. Von Marxens These, daß das Verhältnis zwischen «Dirigenten» und «Arbeitern» in der nachkapitalistischen Gesellschaft keinen «gegensätzlichen Charakter» mehr habe, war es nur noch ein Schritt zum Anspruch der revolutionären Avantgarde, das wahre Interesse der Arbeiterklasse zu vertreten.

Am Beginn der Legitimation der proletarischen Revolution durch Marx stand ein Analogieschluß, von dem sich auch Lenin und die Bolschewiki inspirieren ließen: So wie in Frankreich 1789 der Dritte Stand eine überflüssig gewordene herrschende Klasse, den Feudaladel, mit revolutionärer Gewalt abgelöst hatte, würde auf der nächsten Stufe der gesellschaftlichen Auseinandersetzungen das revolutionäre Proletariat die überflüssig gewordene Bourgeoisie entmachten und ausschalten. Bekanntlich hat sich die Geschichte nicht wiederholt. Die «bürgerliche Revolution» beruhte auf einer singulären Konstellation: Da der Dritte Stand, anders als der Feudaladel, seine gesellschaftlichen Funktionen nicht verlor, konnte der Vierte Stand, anders als der Dritte, nicht zum «allgemeinen Stand» aufrücken.[24]

Die Gewalt, mit der die revolutionäre Avantgarde der Bolschewiki das Fehlen der gesellschaftlichen Bedingungen einer proletarischen Revolution zu kompensieren versuchte, hat bis zuletzt das System geprägt, das aus der Revolution vom Oktober 1917 hervorgegangen ist. Nachdem das System endgültig gescheitert ist, läßt sich kaum eine größere intellektuelle Herausforderung denken als die, diesen Prozeß historisch zu erklären. Was die PDS dazu beigetragen hat, wird dieser Herausforderung nicht gerecht. Doch der Mangel an Konsequenz ist in sich logisch: Wäre die Selbstkritik radikal, müßte die PDS sich selbst als Partei in Frage stellen.

7.

ABSCHIED VON DEN SONDERWEGEN

Die Deutschen vor und nach der Wiedervereinigung

Erst bei anbrechender Dämmerung beginnt, wie wir seit Hegel wissen, die Eule der Minerva ihren Flug. Die alte Bundesrepublik Deutschland befand sich bereits in der Mitte ihres vierten Jahrzehnts, als sie zum vollen Bewußtsein ihrer selbst gelangte. Ein Begriff machte die Runde, den der Bonner Politikwissenschaftler Karl Dietrich Bracher 1976, in der fünften Auflage seines Buches «Die deutsche Diktatur», einer Analyse der nationalsozialistischen Herrschaft, geprägt hatte, der aber erst zehn Jahre später größere Beachtung fand, als ihn der Autor in einem Beitrag zum vierten Band der «Geschichte der Bundesrepublik Deutschland» wiederholte: Bracher nannte die Bundesrepublik eine «postnationale Demokratie unter Nationalstaaten» und schuf damit eine Formel, in der die Bundesdeutschen rechts und links der Mitte ihren Staat und sich selbst wiedererkannten.

Die Formel machte Karriere, weil sie klärend wirkte. Brachers postnationales Credo räumte auf mit der immer unglaubwürdiger gewordenen Doktrin, die Bundesrepublik sei bloß ein Provisorium. Die These von der postnationalen Demokratie war ein Beitrag zu jener Selbstanerkennung der Bundesrepublik, auf die bereits in den sechziger Jahren einige eher konservative Autoren gedrängt hatten. Die Standortbestimmung des Bonner Politologen verwandelte überdies einen deutschen Mangel in eine europäische Tugend: Gerade weil sie kein Nationalstaat war, schien die Bundesrepublik besonders befähigt, die supranationale Integration Westeuropas voranzutreiben.

Bracher verband sein Verdikt mit der Feststellung, trotz der fortdauernden Bedeutung der deutschen Frage sei die Bundesrepublik «kein Sonderfall, der die Deutschen auf Sonderwege verweist».[1] Die alte Bundesrepublik hatte sich im Verlauf der Jahre in der Tat zu etwas entwickelt, was die Weimarer Republik nie gewesen war: eine funktionstüchtige westliche Demokratie. Der historische deutsche «Sonderweg» hatte im Nationalsozialismus seinen Höhe- und Endpunkt erreicht. Der «Zusammenbruch» des «Dritten Reiches» und die Teilung Deutschlands konfrontierten die Deutschen mit den Folgen ihrer erst (bis 1918) autoritären, dann (nach 1933) totalitären Abweichung vom demokratischen Westen und bildeten darum ein schlagendes *argumentum e contrario* für die Demokratie: Das war der breite liberale Konsens, der bis 1990 zu den Bedingungen von politischer Stabilität in der Bundesrepublik gehörte.

Auf das vereinigte Deutschland läßt sich die Formel von der «postnationalen Demokratie unter Nationalstaaten» nicht mehr anwenden. Die neue Bundesrepublik *ist* ein Nationalstaat – freilich eher einer der postklassischen als der klassischen Art. Denn auf einige mögliche Attribute von Souveränität wie den Besitz von atomaren, biologischen und chemischen Waffen hat das vereinigte Deutschland in seiner völkerrechtlichen Gründungsurkunde, dem «Zwei-plus-Vier-Vertrag», von vornherein verzichtet; es hat zudem in eine quantitative Beschränkung seiner Streitkräfte eingewilligt und ist fest in supranationale Zusammenschlüsse wie die Europäische Union und die NATO eingebunden. Am nationalstaatlichen Charakter des vereinten Deutschland ändert das jedoch nichts. In einer bestimmten Hinsicht ist Deutschland heute sogar in höherem Maß ein Nationalstaat, als man das vom deutschen Kaiserreich sagen konnte. Im Staate Bismarcks lebten Millionen von deutschen Staatsbürgern, die keine Deutschen waren oder sein wollten: Polen, Dänen und, zu einem erheblichen Teil jedenfalls, Elsässer und Lothringer. Da die Bundesrepublik von 1990 solche ungelösten Nationalitätenprobleme nicht kennt, ist sie ein homogenerer Nationalstaat als das Reich von 1871.

Die These von der postnationalen Identität der alten Bundesrepublik ist natürlich im nachhinein nicht schon dadurch widerlegt, daß sie für die neue Bundesrepublik nicht mehr zutrifft. Zwar gibt es neuerdings Autoren, die ebendies behaupten und im Rückblick jede Kritik an formelhaften Bekenntnissen zur Wiedervereinigung als nationalen Defätismus, wenn nicht gar als Apologie der kommunistischen Diktatur in Ostdeutschland brandmarken.[2] Aber die Probleme mit der postnationalen Position fangen erst da an, wo die politische Polemik aufhört.

Postnational war die politische Praxis der Bundesrepublik schon unter ihrem ersten Kanzler. Adenauer ging es von Anfang an vorrangig darum, aus der Bundesrepublik so rasch wie möglich einen souveränen, unauflösbar mit dem Westen verbundenen Staat zu machen. Demgegenüber hatte alles andere, auch das Ziel der Wiedervereinigung, zurückzutreten. Schon um Mehrheiten zu gewinnen, mußte Adenauer die Politik der Westintegration als den einzig erfolgversprechenden Weg zur «Einheit in Freiheit» darstellen. Aber ein strategisches Nahziel war die Wiedervereinigung für ihn nicht.

Adenauer hatte gute Gründe, die Prioritäten so zu setzen. Zu seinen Lebzeiten wäre die deutsche Einheit, wenn überhaupt, nur unter den Bedingungen der Neutralität, also unter Verzicht auf die Integration in den Westen, zu erreichen gewesen. Das konnte nicht wollen, wer die Gefahren einer Renaissance des deutschen Nationalismus und einer sowjetischen Hegemonie über Europa realistisch einschätzte. Adenauers Stärke war sein Realismus, und der zahlte sich auch innenpolitisch aus: Dem Sicherheitsbedürfnis der Westdeutschen entsprach die Politik der Westintegration sehr viel mehr als der Vorrang der Wiedervereinigung, für den die sozialdemokratische Opposition stand.

Die Versicherung Adenauers, die Westintegration werde schließlich zur Wiedervereinigung führen, fand jedoch immer weniger Glauben. Der Bau der Berliner Mauer im August 1961 sprach eher für das Gegenteil: Die Spaltung Deutschlands war seit 1949 tiefer und tiefer geworden. Realpolitik konnte fortan nur noch heißen: durch Absprachen mit dem anderen deutschen Staat, der Deutschen Demokratischen Republik, die Folgen der Teilung erträglicher zu machen und dem Zusammenhalt der Nation den Vorrang vor der Wiederherstellung eines deutschen Nationalstaates, einem auf absehbare Zeit nicht erreichbaren Ziel, einzuräumen. Diese Erkenntnis machten sich die Sozialdemokraten mit Willy Brandt an der Spitze früher und konsequenter zu eigen als die Unionsparteien. Brandt folgte der neuen Devise zuerst 1963 als Regierender Bürgermeister von Berlin bei der Aushandlung des ersten Passierscheinabkommens und später als Bundeskanzler 1972 beim Abschluß des Grundlagenvertrages mit der DDR – des vorletzten der Ostverträge der sozialliberalen Koalition.

Die Ostverträge gingen mit einer Umkehrung der innenpolitischen Fronten in der nationalen Frage einher. In der Ära Adenauer hatte die gemäßigte Rechte eine Politik der supranationalen Integration betrieben und die gemäßigte Linke den Primat der deutschen Einheit proklamiert, also den nationalen Part übernommen. Das war, verglichen mit dem Kaiserreich und der Weimarer Republik, ein kompletter Rollentausch zwischen links und rechts. In der zweiten Hälfte der sechziger Jahre, solange die CDU den Kanzler stellte, forderten liberal-konservative Publizisten und Politikwissenschaftler wie Burghard Freudenfeld, Hans Buchheim und Waldemar Besson die Bundesrepublik auf, ein eigenes bundesdeutsches Nationalbewußtsein zu entwickeln und Abschied von der gesamtdeutschen Illusion zu nehmen. Den Grundlagenvertrag aber bekämpften die Unionsparteien mit nationalen Parolen, und die Bayerische Staatsregierung erstritt im Juli 1973 jenes Urteil des Bundesverfassungsgerichts, das es allen Verfassungsorganen untersagte, die Wiederherstellung der staatlichen Einheit aufzugeben, und sie verpflichtete, auf dieses Ziel hinzuwirken. Die «Wiedervereinigung» verwandelte sich seitdem zunehmend in eine «rechte», gegen den sozialliberalen Pragmatismus gerichtete Formel. Rhetorisch zumindest war das traditionelle Rollenspiel zwischen links und rechts wiederhergestellt.

Die Wirklichkeit war um vieles komplizierter. Wer mit Blick auf ein rechtes Wählerspektrum die Wiederherstellung der staatlichen Einheit beschwor, mußte deswegen noch nicht «national» denken und handeln. Das galt erst recht für die Beschwörung des Deutschen Reiches in den Grenzen von 1937, auf die Politiker der CSU, zuletzt noch ihr Bundesvorsitzender, Bundesfinanzminister Theo Waigel, auf dem Deutschlandtreffen der Schlesier in Hannover am 2. Juli 1989 nicht verzichten zu können meinten.[3] Umgekehrt gab es Nationalisten unter denen, die die Existenz zweier deutscher Staaten für eine unabänderliche Größe hielten. In den achtziger Jahren rückte das Interesse an der Stabilität der deutsch-deutschen (und, damit verbunden, der deutsch-sowjetischen) Beziehungen bei manchen Sozialdemokraten so sehr in den Vordergrund, daß sie das andere Ziel der Entspannungspolitik, die Erweiterung der Menschen- und Bürgerrechte, immer mehr aus dem Blick verloren. Der Aufstieg der unabhängigen Gewerkschaft «Solidarnosc» in Polen erschien aus dieser Sicht geradezu als Gefahr für den Weltfrieden. Egon Bahr, einer der Architekten der «Öffnung nach Osten», bejahte daher 1982 ohne Umschweife das Recht der Sowjetunion, gegen einen etwaigen Austritt Polens aus dem Warschauer Pakt militärisch zu intervenieren.[4] Das Grundmuster einer sehr viel älteren deutschen Ostpolitik, der Bismarckschen, war plötzlich wieder klar zu erkennen: eine deutsch-russische Allianz, die die bestehende Ordnung gegen die unruhigen Polen verteidigte.

Der «Machtwechsel» von 1982, die Ablösung des Sozialdemokraten Helmut Schmidt durch den Christlichen Demokraten Helmut Kohl, war insofern eine außenpolitische Zäsur, als die neue Regierungskoalition aus CDU/CSU und FDP alle Zweifel an der Kalkulierbarkeit der Bundesrepublik ausräumte – Zweifel, wie sie die SPD mit ihrem immer deutlicher werdenden Nein zu einer Konsequenz des Doppelbeschlusses der NATO, der Nachrüstung mit Mittelstreckenraketen, hervorgerufen hatte. Doch eine Abkehr von der sozialliberalen Deutschland- und Ostpolitik brachte der Machtwechsel nicht. Die Ostverträge wurden von den Unionsparteien ebenso als Grundlage der bundesdeutschen Politik akzeptiert, wie dies die SPD seit 1960 im Hinblick auf die Westintegration getan hatte. Kohl sprach zwar häufig von der Einheit der Nation, fügte aber bereits während des Bundestagswahlkampfes von 1983 hinzu, dies bedeute nach seiner festen Überzeugung keine Lösung des «Zurück in den Nationalstaat einer vergangenen Zeit».[5] Der Tenor der Deutschlandpolitik blieb unter Kohl derselbe wie unter den Kanzlern Brandt und Schmidt: Da die staatliche Einheit nicht auf der Tagesordnung stand, kam es darauf an, die deutsch-deutschen Beziehungen im Interesse der Menschen so gut wie möglich zu gestalten.

In der linksliberalen Publizistik, bei den Sozialdemokraten und erst recht bei den Grünen fiel die Absage an einen souveränen deutschen Nationalstaat in den achtziger Jahren sehr viel deutlicher aus als im Regierungslager. Es waren im wesentlichen zwei Argumente, mit denen diese Position begründet wurde. Dem *ersten* Argument zufolge beruhte die Entspannung auf dem Gleichgewicht zwischen Ost und West und dieses Gleichgewicht auf der Teilung Deutschlands. In den Worten des Publizisten Peter Bender aus dem Jahr 1981: «Die Zweistaatlichkeit Deutschlands ist zu einem konstituierenden Element der europäischen Entspannung geworden. Die Unnormalität der deutschen Spaltung bildet die Bedingung für die Normalisierung im gespaltenen Europa.»[6]

Dazu kam *zweitens* ein historisch-moralisches Argument. Ich zitiere dazu mich selbst – aus einem Aufsatz, der

1986 im Zusammenhang mit dem «Historikerstreit» über die Einzigartigkeit der nationalsozialistischen Judenvernichtung erschien: «Angesichts der Rolle, die Deutschland bei der Entstehung der beiden Weltkriege gespielt hat, kann Europa und sollten auch die Deutschen ein neues Deutsches Reich, einen souveränen Nationalstaat, nicht mehr wollen. Das ist die Logik der Geschichte, und die ist nach Bismarcks Wort genauer als die preußische Oberrechenkammer.»[7]

Das erste Argument war in sich schlüssig, ja unwiderleglich. Menschliche Erleichterungen im geteilten Deutschland, die Quintessenz der «Politik der kleinen Schritte», konnte es nur in einem Klima der Entspannung geben, und weil dem so war, mußte die Bundesrepublik die stillschweigende Voraussetzung der Entspannungspolitik, die Existenz von zwei deutschen Staaten, respektieren. Die Kehrseite des deutschen Interesses an Entspannung war jener ausgeprägte Etatismus im Verhältnis zu den Staaten des Warschauer Paktes, den als erste «Solidarnosc» und dann andere Bürgerrechtsbewegungen kennenlernten. Die sozialdemokratischen «Erfinder» der Ostpolitik waren in dieser Hinsicht besonders konsequent: Als Partner im Osten akzeptierten sie lange Zeit ausschließlich die Regierungen und die regierenden Parteien. Das Nachsehen hatten die oppositionellen Gruppen, die in gewisser Weise selbst Kinder der Entspannungspolitik, nämlich des humanitären «Korbes 3» der Helsinki-Schlußakte von 1975, waren.

Die These, daß die Teilung Deutschlands in letzter Instanz ein Ergebnis deutscher Politik war und darum von den Deutschen hingenommen werden mußte, hatte ihre Verfechter nicht nur in liberalen bis linken Kreisen der alten Bundesrepublik, sondern auch in den Oppositionsgruppen der DDR. Für die letzteren war die Absage an einen neuen deutschen Nationalstaat unlösbar verknüpft mit der Forderung nach durchgreifenden Reformen in der DDR. In der alten Bundesrepublik befürworteten nicht alle, aber doch viele Kritiker der «Wiedervereinigungsrhetorik» ein solches Junktim. Ich zitiere aus einem Aufsatz, den ich im Februar 1988 in der sozialdemokratischen Zeitschrift «Die Neue Gesellschaft/Frankfurter Hefte» veröffentlichte: «Solange die Menschen- und Bürgerrechte nur in der Bundesrepublik, nicht aber in der DDR gewährleistet sind, ist die Last der deutschen Geschichte ungerecht verteilt. Daraus ergibt sich für die Deutschen in der Bundesrepublik eine Pflicht zur nationalen Solidarität mit denjenigen Deutschen, denen die demokratische Selbstbestimmung bis heute vorenthalten wird. Auf die Tagesordnung gehört also nicht die Restauration des Deutschen Reiches, sondern die Demokratisierung der Deutschen Demokratischen Republik.»[8]

Seit dem Beginn der Ära Gorbatschow hatte die Forderung nach Demokratisierung in der DDR neue Schubkraft erhalten. Der Ruf nach der staatlichen Einheit Deutschlands erschien dagegen geradezu kontraproduktiv. Honecker und die SED hatten stets auf der Alternative «Wir oder die Wiedervereinigung» beharrt und damit nicht nur im «sozialistischen Lager» Zustimmung gefunden. Wer eine andere, demokratische DDR wollte, durfte also nicht die Abschaffung dieses Staates verlangen. Umgekehrt mußten alle, die sich für ein vereinigtes Deutschland aussprachen, damit rechnen, daß sie zunächst einmal ungewollt die Reformverweigerer in Ost-Berlin stärkten.

Das Bewußtsein vieler Deutschen, daß die tieferen Ursachen der Teilung ihres Landes in der deutschen Geschichte lagen, wirkte deutschem Nationalismus entgegen, baute im Ausland Vorbehalte gegenüber Deutschland ab und erleichterte so am Ende die Vereinigung der beiden deutschen Staaten. Aber das ist nur die eine Seite der Medaille. Tatsächlich ist die Absage an einen deutschen Nationalstaat vielfach lediglich ein Ausdruck von westdeutschem Desinteresse an den Ostdeutschen gewesen.

Meinungsumfragen aus der zweiten Hälfte der achtziger Jahre zeigen, daß das Gefühl der nationalen Zusammengehörigkeit mit den Ostdeutschen bei jüngeren Westdeutschen sehr viel schwächer entwickelt war als bei älteren. Von den Bundesbürgern im Alter von 14–29 Jahren fühlten sich im Jahre 1987 nur 65 Prozent (gegenüber 90 Prozent der über Sechzigjährigen) als Angehörige *eines* deutschen Volkes. Immerhin 34 Prozent der jüngeren Bundesbürger gingen von der Existenz zweier deutscher Völker aus. Zwischen 1976 und 1987 empfanden in der Gruppe der über Sechzigjährigen im Durchschnitt 15 Prozent die DDR als einen ausländischen Staat; bei den jungen Bundesbürgern war es gut die Hälfte. Eine Auswertung der entsprechenden Daten im «Deutschland Archiv» mündete 1989 in die Schlußfolgerung, die DDR werde von einem großen Teil der jungen Generation als fremder Staat mit einer anderen Gesellschaftsordnung und nicht mehr als Teil Deutschlands wahrgenommen. «Dies führt zu einem Abbau des Bewußtseins einer nationalen Gemeinsamkeit und macht stetiger Entfremdung Platz.»[9]

Die Entfremdung war keineswegs nur ein Generationsphänomen. Viele, auch ältere Bundesbürger, darunter nicht wenige, die man als «posthume Adenauersche Linke» apostrophieren kann, empfanden die Teilung als entlastend und den Nationalstaat, jedenfalls den deutschen, als Irrweg. Nicht alle gingen so weit wie Günter Grass, der in der Spaltung Deutschlands die Strafe für Auschwitz sah. Aber der Gesamtverlauf der deutschen Geschichte schien doch Goethe und Schiller recht zu geben, die schon 1796 in den «Xenien» gewarnt hatten:

«Zur Nation euch zu bilden, ihr hoffet es, Deutsche, vergebens;
Bildet, ihr könnt es, dafür freier zu Menschen euch aus!»[10]

Die späte Bundesrepublik, die sich als postnationales Gemeinwesen begriff, wußte sich im Einklang mit den besten Traditionen der deutschen Geschichte. Als Fortschritt hatte der Historiker Friedrich Meinecke zu Beginn des Jahrhunderts die deutsche Entwicklung vom Weltbürgertum zum Nationalstaat gewürdigt.[11] Gegen Ende des Jahrhunderts schien sich die deutsche Geschichte in der Umkehrung dieses Prozesses zu vollenden: vom Nationalstaat zum Weltbürgertum.

Am 27. Januar 1871 kommentierte der Bonner Historiker Heinrich von Sybel in einem Brief an seinen in Karlsruhe lehrenden Kollegen Hermann Baumgarten die Kapitulation von Paris und die Gründung des Deutschen Reiches mit den Worten: «Womit hat man die Gnade Gottes verdient, so große und mächtige Dinge erleben zu dürfen? Und wie wird man nachher leben? Was zwanzig Jahre der Inhalt alles Wünschens und Strebens gewesen, das ist nun in so unendlich herrlicher Weise erfüllt! Woher soll man in meinen Lebensjahren noch einen neuen Inhalt für das weitere Leben nehmen?»[12]

Nichts spricht dafür, daß eines Tages ähnliche Briefe deutscher Historiker aus dem Oktober 1990 auftauchen werden. Der zweite deutsche Nationalstaat war nicht über Jahre hinweg «Inhalt alles Wünschens und Strebens» gewesen. Auch die verantwortlichen Leiter der bundesdeutschen Politik, Kohl und Genscher, nutzten während und nach der friedlichen Revolution in der DDR vom Herbst 1989 nur die Gunst der Stunde. Was sie taten, um den Einigungsprozeß voranzutreiben, war in erster Linie Krisenmanagement auf höchstem Niveau. Beide hatten erkannt, daß unter den Bedingungen des Jahres 1990 nur die Einheit Deutschlands das gewährleisten konnte, was zuvor die Teilung verbürgt hatte: relative Stabilität in der Mitte Europas. Auf die militärische Einbindung ganz Deutschlands in den Westen, die diesen Effekt ermöglichte, hätte sich eine stärkere Sowjetunion nie eingelassen. 1990 akzeptierte Gorbatschow die NATO-Mitgliedschaft des vereinten Deutschland, weil anders deutsche Hilfe beim Versuch, die Sowjetunion zu stabilisieren, nicht zu erlangen war.

Die Einheit wäre freilich nicht gekommen, wenn die Ostdeutschen sie nicht gewollt hätten. In der ersten Phase der Herbstrevolution von 1989 war von Wiedervereinigung noch keine Rede gewesen. Die Bürgerrechtler strebten eine radikale Demokratisierung der DDR an; sie forderten das innere Selbstbestimmungsrecht der Ostdeutschen, nicht das nationale Selbstbestimmungsrecht des deutschen Volkes. Erst nach dem Fall der Berliner Mauer am 9. November 1989 wurden die demokratischen Sprechchöre «Wir sind das Volk» allmählich von nationalen Parolen überlagert: Auf den Sprechchor «Deutschland einig Vaterland» folgte der Aufkleber «Wir sind ein Volk» – der Slogan, mit dem das konservative Parteienbündnis «Allianz für Deutschland» zur Volkskammerwahl vom 18. März 1990 antrat.

Die Bürgerrechtler waren Vertreter einer aktiven, überwiegend intellektuellen Minderheit. Die Demonstranten, die die Einheit Deutschlands verlangten, sprachen für die bislang schweigende Mehrheit. In der Forderung nach Einheit ließ sich alles bündeln, was die Massen ausdrücken wollten: negativ ihre Absage an das gescheiterte System des «real existierenden Sozialismus» und an alle Versuche, dieses System bloß zu reformieren oder einen «dritten Weg» zwischen Kapitalismus und Sozialismus einzuschlagen, positiv ihren Anspruch auf materielle Gleichberechtigung mit den privilegierten Deutschen im Westen.

Die Bundesrepublik war nicht nur durch die Präambel ihres Grundgesetzes gehalten, die Einheit und Freiheit Deutschlands zu vollenden. Sie war auch moralisch verpflichtet, die ungleiche Verteilung der deutschen Geschichtslast seit 1945 nach besten Kräften zu korrigieren. Die Deutschen in der sowjetischen Besatzungszone und späteren DDR hatten materiell, in Gestalt von Reparationen, sehr viel länger und schwerer an den Folgen des Zweiten Weltkriegs zu tragen gehabt als die Westdeutschen; sie waren, anders als die Deutschen in der Bundesrepublik, nicht in den Genuß von Freiheit und Demokratie gelangt, sondern hatten vier Jahrzehnte lang in einer kommunistischen Diktatur leben müssen.

Seit Anfang 1990 konnte es keinen Zweifel mehr geben, daß es für eine Stabilisierung der DDR auf der Grundlage der Eigenstaatlichkeit zu spät war. Der Niedergang der ostdeutschen Wirtschaft hatte dramatische Ausmaße erreicht; das Potential von Reformkräften war schwächer, als man im Westen lange gemeint hatte; die Ungeduld der breiten Massen wuchs von Tag zu Tag; niemand wußte, wie lange sich die «Realpolitiker» Gorbatschow und Schewardnadse in Moskau an der Macht würden behaupten können. Nur die Aussicht auf rasche Vereinigung mit der Bundesrepublik konnte sicherstellen, daß die ostdeutsche Revolution ihren friedlichen Charakter behielt. Die bundesstaatliche Einheit auf dem Weg über einen Beitritt der DDR gemäß Artikel 23 des Grundgesetzes war infolgedessen die einzige Form, in der sich die Freiheit für die Ostdeutschen dauerhaft verwirklichen ließ. Die theoretisch mögliche andere Lösung, ein Volksentscheid über eine erst zu erarbeitende gesamtdeutsche Verfassung nach Artikel 146 des Grundgesetzes, hätte sehr viel mehr Zeit erfordert und schied schon deshalb als praktische Alternative zum Beitritt aus.

Die Wiedervereinigung wurde am 3. Oktober 1990 ohne falsches Pathos, aber mit breiter Zustimmung der Deutschen in Ost und West vollzogen. Lange hielt die Freude über die wiedergewonnene Einheit indessen nicht an. Erst nach dem staatlichen Zusammenschluß wurde vielen Deutschen bewußt, wie sehr sich die beiden Teile Deutschlands in den vier Jahrzehnten der Trennung auseinanderentwickelt hatten. Manche Westdeutschen fühlten sich durch die Ostdeutschen in eine überwunden geglaubte Zeit, die Welt der fünfziger Jahre, zurückgeworfen. Die Ostdeutschen hatten, anders als die Westdeutschen, keine Chance gehabt, sich in «Europäer» und «Weltbürger» zu verwandeln; sie waren auf eine Weise, die intellektuelle Altbundesbürger zutiefst befremdete, «deutsch», wenn nicht gar «deutschnational» geblieben. Umgekehrt erlebten viele Ostdeutsche die Westdeutschen zunächst als penetrant überlegen, verständnislos und anmaßend. Die Klischees vom weinerlichen «Ossi» und dem arroganten «Besserwessi» machten rasch Karriere und wurden in zahllosen Witzen kolportiert.

Das wirkliche Ausmaß der «Erblast» von vier Jahrzehnten DDR trat ebenfalls erst allmählich ins allgemeine Bewußtsein. Kaum ein Betrieb war wettbewerbsfähig. Der Verfall der Altbauten und damit der meisten Innenstädte, die Kehrseite extrem niedriger Mieten, war längst zu einer sozialen Katastrophe geworden. Die Verwüstung der natürlichen Umwelt ging viel weiter, als Sachkenner in Ost und West gemeint hatten, und dasselbe galt von der moralischen Verwüstung, die die SED mit Hilfe der «Krake Stasi» angerichtet hatte: Das Bespitzelungswesen war so flächendeckend, daß die DDR auf diesem Gebiet in der Tat zur internationalen Spitzenklasse zählte.

Erst nach dem Zusammenbruch der DDR begannen viele Deutsche zu begreifen, was die millionenhafte Abwanderung in den Westen und der «Aufbau des Sozialismus» bewirkt hatten: eine allgemeine Ausdünnung des Reservoirs an Fachkräften, eine von der alten Bundesrepublik radikal verschiedene Sozialstruktur sowie von westlichen Mustern stark abweichende Qualifikations- und Leistungsstandards. Ein selbständiger handwerklicher, kaufmännischer und freiberuflicher Mittelstand war in den neuen Bundesländern nur noch rudimentär, ein selbständiges Unternehmertum nicht mehr vorhanden. Es gab keine selbständigen Landwirte, kein Berufsbeamtentum und keine «sichtbaren» Arbeitslosen. Die DDR war eine entdifferenzierte Arbeitnehmergesellschaft mit einer hochprivilegierten «Nomenklatur», die so viele Merkmale einer «herrschenden Klasse» aufwies, daß man den Begriff der «klassenlosen Gesellschaft» auf den ostdeutschen Staat nur mit großen Vorbehalten anwenden konnte.

In den Bereichen, in denen ideologische Zuverlässigkeit das entscheidende Kriterium des Berufszugangs und der Berufsausübung bildete, war nach 1989 der Mangel an der *jetzt* gefragten Professionalität besonders groß. Das traf vor allem zu für den Partei- und Sicherheitsapparat, für die Justiz und große Teile des Ausbildungswesens. In der Regel galt: Je «politischer» die Funktion gewesen war, die jemand vor der «Wende» innegehabt hatte, desto geringer seine Eignung und seine Chance, im vereinten Deutschland eine ähnliche Funktion auszuüben. Soziale Abstiegsprozesse waren damit vorgezeichnet.

Die Hauptlast der sozialen Umwälzung hatten nach 1990 die Arbeitnehmer zu tragen, die ihren Arbeitsplatz verloren – darunter überproportional viele Frauen. Entlassungen und Schließungen von Betrieben hatten ihre Hintergründe in fehlender Rentabilität und dem weitgehenden Verlust der bisherigen Absatzmärkte in Osteuropa. Dem «Aufschwung Ost» stand aber auch ein westliches Hindernis entgegen: das im Einigungsvertrag festgelegte, später dann modifizierte Prinzip «Rückgabe vor Entschädigung». Die Eigentumsansprüche auf zahllose Grundstücke und Gebäude ließen sich deshalb so schwer klären, weil zu Zeiten der DDR Eintragungen in die Grundbücher zum Teil bewußt geschwärzt worden waren und weil es an geschultem Personal fehlte, das die Flut von Anträgen auf Rückgabe zügig hätte bewältigen können. Die Folge war, daß viele gutgläubige Erwerber verunsichert und potentielle Investoren zurückgeschreckt wurden.

Hohe Arbeitslosigkeit, steigende Mieten und ein starkes Lohn- und Gehaltsgefälle zwischen Ost und West trugen dazu bei, daß bei vielen Ostdeutschen schon bald nach der Vereinigung ein Stimmungsumschwung einsetzte – von der Freude über die Einheit zur Sorge über die damit verbundenen Probleme. Bei den Westdeutschen war es ähnlich, nur daß hier die hohen Kosten der Einheit den Grund des Meinungswandels bildeten.

7. Abschied von den Sonderwegen

Eine Meinungsumfrage des Instituts für Demoskopie in Allensbach vom April 1993 machte deutlich, wie tief die Kluft zwischen Ost- und Westdeutschen im Jahre drei nach der Vereinigung war. Die Frage der Meinungsforscher lautete: «Glauben Sie, daß sich West- und Ostdeutsche solidarisch miteinander fühlen, daß sie sich gemeinsam als Deutsche fühlen, oder fühlen sie sich eher als West- und Ostdeutsche mit entgegengesetzten Interessen?» Darauf antworteten lediglich ein Fünftel der Westdeutschen (22 Prozent) und ein Zehntel der Ostdeutschen (11 Prozent), sie fühlten sich «gemeinsam als Deutsche». 71 Prozent der alten und 85 Prozent der neuen Bundesbürger sahen sich durch «entgegengesetzte Interessen» getrennt.[13]

Schon 1990 war absehbar, daß der innere Vereinigungsprozeß viel schwieriger werden würde als der äußere. Das krasse Wohlstandsgefälle zwischen Ost und West und das Aufeinandertreffen von radikal unterschiedlichen Erfahrungswelten bilden den Stoff, der Konflikte und Krisen gebiert. Deutlicher als in der Zeit der Trennung zeigt sich nun die Kehrseite des bundesdeutschen «Wir-Gefühls». Beim Streit um die Frage, ob Berlin oder Bonn Parlaments- und Regierungssitz und damit die tatsächliche Hauptstadt des vereinigten Deutschland sein solle, artikulierte sich auf westdeutscher Seite besonders massiv der Wunsch, alles beim alten zu belassen und gegenteilige Versprechungen von gestern vergessen zu machen. Besitzstandswahrung war und ist das unausgesprochene Motiv bei allen Versuchen, den Westen vor konkreten Auswirkungen der Vereinigung abzuschirmen. Das geistige Pendant dazu heißt Gleichgültigkeit: Nur wenige Westdeutsche wollen wahrhaben, daß die Auseinandersetzung mit der Geschichte und dem Erbe der zweiten deutschen Diktatur nicht allein eine Sache der Ostdeutschen sein kann, sondern spätestens seit 1990 zu den gemeinsamen Angelegenheiten der Deutschen gehört.

Was die Vereinigung von Anfang an belastete, waren Versäumnisse der «politischen Klasse» der alten Bundesrepublik. Bundeskanzler Kohl versprach den Ostdeutschen im Herbst 1990, binnen weniger Jahre würden sich die neuen Bundesländer in «blühende Landschaften» verwandeln. Er sagte den Deutschen nicht, daß der Weg zur inneren Einheit außerordentlich kostspielig, mühselig und langwierig werden würde. Der Appell an die Opferbereitschaft der Westdeutschen und die Geduld der Ostdeutschen unterblieb – zum einen, weil dergleichen im Wahlkampfjahr 1990 nicht als opportun galt, zum anderen, weil die Akteure den Ernst der Lage in der DDR nicht wahrhaben wollten. Der Ruf nach nationaler Solidarität hätte moralische und materielle Energien freisetzen können; er hatte die größten Chancen, Gehör zu finden, solange noch an der Grundlegung der Einheit gearbeitet wurde. Der Pragmatismus von Kanzler und Außenminister bewährte sich glänzend, als es darum ging, die außenpolitischen Bedingungen der Einheit zu schaffen. Für die innere Einigung reichte Pragmatismus nicht aus.

Die sozialdemokratische Opposition versäumte 1989/90 eine historische Chance. Der Kanzlerkandidat der SPD, Oskar Lafontaine, sah zwar die wirtschaftlichen Probleme der Vereinigung sehr viel realistischer als der Kanzler. Aber er tat nichts, um den Eindruck zu entkräften, als komme ihm die nationale Einheit eher ungelegen. Dieser Eindruck war durchaus nicht falsch. Lafontaine stand für jenen Teil der Sozialdemokratie, der, anders als der bewußt national argumentierende Ehrenvorsitzende Willy Brandt, nicht nur die Nationalstaaten, sondern auch die Nationen für historisch überholte Gebilde hielt. Infolgedessen konnte Lafontaine die Vereinigung Deutschlands nur als Zwischenstation auf dem Weg zur Vereinigung Europas, die neue Bundesrepublik mithin als bloßes Transitorium, begreifen – eine Position, die innerem Desinteresse an der nationalen Einheit zum Verwechseln ähnlich sah. Da die SPD ihren Kanzlerkandidaten gewähren ließ, gelang es ihr nicht, aus den Fehlern der Regierung Kapital zu schlagen.

Die Fehleinschätzungen der parlamentarischen Linken entsprachen denen vieler Intellektueller. Die Teilung Deutschlands war vor 1989 selbst zu einer Art intellektuellem Besitzstand geworden. Das ging bei einigen Politologen und Historikern so weit, daß sie von einer «Bi-Nationalisierung» Deutschlands, der Herausbildung von zwei deutschen Nationen, einer bundesrepublikanischen und einer DDR-Nation, sprachen – eine These, die Anfang der siebziger Jahre aufkam und wie ein westdeutsches Echo auf die gleichzeitige Behauptung der SED wirkte, in der DDR vollziehe sich der Prozeß der Herausbildung einer sozialistischen deutschen Nation.

Ich selbst habe zwar der These von der «Bi-Nationalisierung» Deutschlands widersprochen und an der Idee der einen deutschen Nation festgehalten. Aber gleichzeitig glaubte ich zu wissen, daß es einen deutschen Nationalstaat nicht mehr geben werde. Zu akzeptieren, daß die Teilung Deutschlands in letzter Instanz selbstverschuldet war und insoweit in der «Logik der Geschichte» lag, hieß für mich, dieser Geschichte einen Sinn abgewinnen und das Leben mit ihr zu erleichtern.

Aber woher wußte ich, der ich 1986 die «Logik der Geschichte» beschwor, daß sie die unbegrenzte Fortdauer der Teilung verlangte? Und wenn auch meine ostdeutschen Freunde, die alle zu den Gegnern des Regimes gehörten, ebenso dachten wie ich: War es nicht unendlich viel leichter, vom Westen aus die Teilung Deutschlands historisch zu «erklären», als dort, wo man auf eine ganz andere, nämlich existentielle Weise unter den Folgen der Teilung litt? Nietzsches Diktum, wir Deutschen wären Hegelianer, auch wenn es nie einen Hegel gegeben hätte, hat wohl einen richtigen Kern.[14] Jedenfalls gibt es bei deutschen Intellektuellen eine ausgeprägte Neigung, frei nach Hegel das Wirkliche als vernünftig zu begreifen. Und vielleicht stand auch Luther Pate bei den Bemühungen, die Erfahrung von Schuld auf die Ebene einer säkularisierten Geschichtstheologie zu heben.

Was vor der Vereinigung von Deutschen über die deutsche Frage gedacht, gesagt und geschrieben wurde, wirkt auch heute noch nach. Nicht alles, aber vieles davon bedarf der kritischen Überprüfung. Es war richtig, der Instrumentalisierung der Parole «Einheit» für Zwecke der bundesdeutschen Innenpolitik entgegenzutreten. Das Bekenntnis zur Wiedervereinigung als dem vordringlichsten Ziel bundesdeutscher Politik *war* seit den fünfziger Jahren für viele Politiker der Bundesrepublik zu einer Art Lebenslüge geworden. Aber galt das nicht auch für das «postnationale» Lebensgefühl vieler Westdeutschen, das sich in den achtziger Jahren entwickelt hatte? War die kategorische Absage an die staatliche Einheit nicht vielleicht sogar ein halb bewußter, halb unbewußter Versuch, dem schrecklichsten Kapitel der deutschen Geschichte ein für allemal zu entkommen, es definitiv zu «entsorgen» – ein subtilerer Versuch als alles, was konservative Apologeten in dieser Richtung unternommen haben, aber eben doch zu bequem, um zu überzeugen? Steht, wenn dem so ist, der schwierigere Teil des Bemühens, aus der Geschichte zu lernen, den Deutschen nicht erst noch bevor?

Ein Zitat aus Robert Musils Roman «Der Mann ohne Eigenschaften» mag verdeutlichen, was ich mit der sublimen «Entsorgung» deutscher Vergangenheit meine: «Vielleicht darf gesagt werden, in Veränderung eines Sprichworts, daß ein schlechtes Gewissen beinahe ein besseres Ruhekissen darbietet als ein gutes, sofern es nur schlecht genug ist! Die unablässige Nebentätigkeit des Geistes in der Absicht, aus allem Unrecht, in das er verwickelt ist, ein gutes persönliches Gewissen als Abschluß zu gewinnen, ist dann eingestellt, und läßt dem Gemüt eine ungemessene Unabhängigkeit zurück.»[15]

Abgeschlossen ist die Auseinandersetzung mit der nationalsozialistischen Vergangenheit in keinem Fall. Die DDR

7. Abschied von den Sonderwegen

hat zwar, durch eine gesellschaftliche Umwälzung, vordergründig radikaler mit dem Nationalsozialismus gebrochen als die alte Bundesrepublik. Aber der formelhaft erstarrte «Antifaschismus» der SED hat im Bewußtsein der Ostdeutschen weniger tiefe Spuren hinterlassen als die jahrzehntelangen Diskussionen über die «Schuldfrage» bei den Westdeutschen. Vom «sozialistischen Internationalismus» der DDR läßt sich ähnliches sagen: Er wurde gepredigt, aber nicht gelebt. Den Alltag der Ostdeutschen hat er kaum geprägt, und eben darum unterscheidet sich der internationalistische Sonderweg der DDR grundlegend vom postnationalen Sonderweg der alten Bundesrepublik: Der verordnete «Internationalismus» der DDR war lediglich eine Staatsdoktrin, die «Postnationalität» der Bundesrepublik eine Lebensweise.

Mit der Bildung des neuen, «postklassischen» deutschen Nationalstaates am 3. Oktober 1990 sind beide Sonderwege zu Ende gegangen. Ihre Auswirkungen aber werden noch lange zu spüren sein. Der Begriff «Westen» beispielsweise hat für die Westdeutschen eine eindeutig positive Bedeutung. Im Osten Deutschlands kämpft die umbenannte Staatspartei der DDR, die Partei des Demokratischen Sozialismus, um Stimmen mit der Behauptung, sie wolle keine «Verwestlichung des Ostens».[16] Die Wahlerfolge der PDS, die 1994 in allen neuen Ländern zur drittstärksten Partei aufgestiegen ist, stehen für den Widerhall solcher Parolen. Das gute Abschneiden der PDS im Osten läßt noch mehr erkennen: die Spaltung Deutschlands in zwei «politische Teilkulturen». Dem «materialen» Demokratieverständnis der Westdeutschen steht ein eher «formales» im Osten gegenüber. «Demokratisch» bedeutet im Westen soviel wie für die freiheitliche Ordnung des Grundgesetzes eintreten. Im Osten ist das Verhältnis zur Demokratie häufig positivistisch: Eine Partei gilt vielen schon als «demokratisch», wenn sie sich selbst so bezeichnet, nicht verboten ist und bei Wahlen erhebliche Stimmenanteile verbuchen kann.

Da es nur *eine* politische Kultur der liberalen Demokratie gibt, die westliche, kann der innere Vereinigungsprozeß als Ziel nur jene «Verwestlichung des Ostens» haben, die die PDS verhindern will. Auf der anderen Seite heißt es angesichts von vier Jahrzehnten wechselseitiger Entfremdung das Zusammenwachsen der Deutschen nicht unzulässig dramatisieren, wenn man es als Neubildung der deutschen Nation beschreibt. Von einer «postnationalen» Warte aus läßt sich diese Aufgabe nicht lösen. Die innere Einigung verlangt also Ost- *und* Westdeutschen Lernprozesse ab.

Der sinnfälligste Ausdruck des postnationalen Bewußtseins der alten Bundesrepublik war ein «Verfassungspatriotismus», der sich an den universalen Werten der westlichen Demokratie orientierte. Der eher konservative Publizist und Politikwissenschaftler Dolf Sternberger hatte den Begriff 1979 geprägt; der eher linke Philosoph Jürgen Habermas nahm ihn 1986, im Zuge des «Historikerstreits», auf.[17] Der Verfassungspatriotismus war das innere Gegenstück zur Westbindung der Bundesrepublik; er war nicht nur ein Fortschritt gegenüber dem traditionellen deutschen Nationalismus, sondern ein Schritt in Richtung zu dessen Überwindung. Die neue Bundesrepublik kann sich ein Zurück hinter diesen Gewinn an politischer Kultur nicht leisten. Aber sie muß den westdeutschen Verfassungspatriotismus weiterentwickeln zu einem Patriotismus der wechselseitigen Verantwortung aller Deutschen. Nur so läßt sich jene Solidarität begründen, auf die es nach der deutschen Vereinigung ankommt: die nationale Solidarität.

Die besondere Beziehung zwischen West- und Ostdeutschen ergibt sich aus der gemeinsamen Geschichte seit der Nationsbildung im 19. Jahrhundert. Die deutsche Nation, wie sie sich 1871 konstituierte, wäre nur dann ein abgeschlossenes Kapitel der deutschen Geschichte, wenn sich West- und Ostdeutsche nach 1949 zu eigenen Nationen entwickelt hätten. In der Bundesrepublik gab es dazu Ansätze, die aber nicht «offiziell» wurden. Die DDR verstand sich seit den frühen siebziger Jahren zwar offiziell als neue «sozialistische» deutsche Nation, fand aber damit in der Bevölkerung keinen Widerhall. Die deutsche Nation bestand also fort, und sie ist seit 1990 wieder, was sie in der Zeit der Teilung nicht war, eine Staatsnation.

Nicht darum also kann es gehen, *ob* die Deutschen eine Nation sind, sondern wie sie sich dazu verhalten und was sie daraus machen. «Daß es Nationen gibt, ist historisch das Europäische an Europa», hat der Historiker Hermann Heimpel einmal bemerkt.[18] So gesehen, kann der Abschied vom postnationalen Sonderweg der alten Bundesrepublik sogar ein Stück europäischer Normalisierung, eine Annäherung an das Selbstverständnis der anderen Europäer, bedeuten.

Allerdings lastet auf dem deutschen Begriff von Nation eine Hypothek, von der sich auch die alte Bundesrepublik nicht befreit hat. Es ist die in Artikel 116 des Grundgesetzes festgeschriebene Idee der Nation als Abstammungsgemeinschaft – das vermeintlich «objektive» Kontrastprogramm zum «subjektiven», auf den Willen der Einzelnen abstellenden «westlichen» Nationsverständnis. Auf die traditionelle deutsche Vorstellung von «Volkszugehörigkeit» beruft sich auch heute noch, wer Ausländern, die seit Jahrzehnten in Deutschland leben, und ihren hierzulande geborenen Kindern die Einbürgerung verweigert und ableugnet, daß Deutschland seit langem zum Einwanderungsland geworden ist. Fremdenfeindlichkeit nährt sich vielfach aus dem nämlichen ethnischen, um nicht zu sagen «völkischen» Begriff von Nation, der den deutschen Nationalismus seit dem frühen 19. Jahrhundert geprägt hat.

Die Neubildung der deutschen Nation kann nur gelingen, wenn sie einhergeht mit der Verwestlichung des deutschen Verständnisses von Nation. Schon weil Deutschland aus demographischen Gründen der Einbürgerung und Zuwanderung bedarf, wird der Begriff «Deutscher» künftig nicht mehr *nur* durch Abstammung, sondern auch durch den Willen zur Zugehörigkeit zur deutschen Nation bestimmt sein müssen. Es geht also nicht um die Ersetzung des Abstammungsprinzips (des «jus sanguinis»), das überall in Europa den Regelfall der Staatsangehörigkeit bildet, durch das Territorialprinzip (das «jus soli»), sondern darum, dem letzteren mehr als bisher den Rang eines Korrektivs einzuräumen – so wie das bei den meisten Mitgliedstaaten der Europäischen Union üblich ist. Jene «vorbehaltlose Öffnung der Bundesrepublik gegenüber der politischen Kultur des Westens», in der Jürgen Habermas zu Recht die große intellektuelle Leistung der Nachkriegszeit sieht, ist solange ein unvollendetes Projekt, als das deutsche Staatsbürgerschaftsrecht nicht das Niveau der westlichen Demokratien erreicht hat.[19]

Die Modernisierung des deutschen Begriffs von Nation gehört in einen größeren Zusammenhang: die kritische Aufarbeitung der historischen Abweichung vom Westen, des «deutschen Sonderweges» also. Wenn deutsche Historiker, Philosophen und Schriftsteller vor 1945 von einem besonderen deutschen Weg sprachen, der sich von dem Westeuropas abhebe, war das in der Regel positiv gemeint. Der angeblich bloß äußerlichen Zivilisation des Westens stellten sie die innerliche Kultur Deutschlands, der demokratischen Mehrheitsherrschaft den starken Staat gegenüber, den Deutschland schon wegen seiner bedrohten Grenzen gebraucht habe und weiterhin brauche. Nach dem Zweiten Weltkrieg erschien der «deutsche Sonderweg» auch vielen Deutschen in einem neuen Licht: Er wurde zum Inbegriff jener Traditionen, die die «deutsche Katastrophe» der Jahre 1933 bis 1945 möglich gemacht hatten.

Der Ausgangspunkt der wissenschaftlichen Debatte war die Frage, warum Deutschland als einziges hochentwickeltes Industrieland im Zuge der Weltwirtschaftskrise nach 1929 sein demokratisches System zugunsten einer totalitären Diktatur von rechts aufgab. Die Antworten stimmten meist darin überein, daß Deutschland bis 1918 ein von vor-

7. Abschied von den Sonderwegen 145

industriellen Eliten beherrschter Obrigkeitsstaat war und
daß die erste deutsche Demokratie, die Weimarer Republik,
vor allem an diesem autoritären Erbe zugrunde gegangen
ist. Das Ende des deutschen Sonderweges kam nach dieser
Deutung erst im Gefolge des «Zusammenbruchs» von 1945:
Dem ostelbischen Rittergutsbesitz, der bei der Zerstörung
der Weimarer Republik eine entscheidende Rolle gespielt
hatte, wurde durch den Verlust der deutschen Ostgebiete
und die «Bodenreform» in der sowjetischen Besatzungszone im Wortsinn der Boden entzogen; es gab jahrelang
kein deutsches Militär; das Land Preußen wurde durch ein
Gesetz des Alliierten Kontrollrats 1947 formell aufgelöst;
der deutsche Nationalismus war durch den Nationalsozialismus langfristig diskreditiert, ja historisch entlegitimiert.

In der neueren Diskussion, die lange vor der deutschen
Wiedervereinigung begann, hat sich ein komplexeres Bild
vom deutschen Sonderweg durchgesetzt. *Neben* den autoritären Traditionen wird jetzt die frühe Teildemokratisierung
Deutschlands und in diesem Zusammenhang besonders das
allgemeine gleiche Wahlrecht für Männer hervorgehoben,
das Bismarck 1867 im Norddeutschen Bund und 1871 im
Deutschen Reich einführte. Das Nebeneinander von nicht-
parlamentarischer Regierung und demokratischem Wahlrecht vor 1918 war einer der Widersprüche im deutschen
Modernisierungsprozeß, von denen später Hitler profitierte. Er konnte, seit 1930 ein autoritäres Präsidialsystem an
die Stelle der gescheiterten parlamentarischen Demokratie
von Weimar getreten war, an *beides* appellieren: an die verbreiteten Ressentiments gegenüber dem neuen, angeblich
«undeutschen» Parlamentarismus *und* an den seit langem
verbrieften, nunmehr fast wirkungslos gewordenen Anspruch des Volkes auf politische Mitbestimmung. Der tiefere Grund für das Scheitern der ersten deutschen Demokratie und für Hitlers Triumph lag mithin darin, daß es Weimar
nicht gelungen war, das zwiespältige Erbe zu meistern, das
ihm das Kaiserreich hinterlassen hatte.

Nach dem Ende aller deutschen Sonderwege, des antiwestlichen des Deutschen Reiches, des postnationalen der alten Bundesrepublik und des internationalistischen der DDR, ist ganz Deutschland erstmals ein demokratischer, fest in den Westen integrierter Nationalstaat. Die Konsequenzen, die sich daraus ergeben, werden den Deutschen erst allmählich bewußt. Solange es alliierte Vorbehaltsrechte in bezug auf Deutschland als Ganzes gab, hatte sich die Bundesrepublik aus vielen Weltkonflikten heraushalten können. Der Souveränitätszuwachs, der mit der Vereinigung verbunden ist, hat dieser Sonderrolle den Boden entzogen. Das vereinte Deutschland muß als Mitglied der Vereinten Nationen auch auf militärischem Gebiet mehr Verantwortung übernehmen, als der alten Bundesrepublik je zugemutet wurde.

Von seiten seiner östlichen Nachbarn richten sich an das vereinte Deutschland Erwartungen, denen es, wenn überhaupt, nur in engem Zusammenspiel mit seinen Verbündeten gerecht werden kann. Innerhalb der Europäischen Union muß Deutschland gleichzeitig auf die Ausweitung der Gemeinschaft in Richtung der neuen Demokratien im östlichen Mitteleuropa *und* auf die Demokratisierung der Gemeinschaft drängen. Die Ausweitung der Gemeinschaft ist erforderlich, um die neuen Demokratien dauerhaft zu stabilisieren. Die Demokratisierung ist notwendig, um der Gemeinschaft mehr Rückhalt bei den Bürgern zu geben.

Eine konstruktive Rolle in Europa und der Welt kann Deutschland aber nur spielen, wenn es für seine inneren Probleme konstruktive Lösungen findet. Die Angleichung der Lebensverhältnisse in West- und Ostdeutschland erfordert eine Kraftanstrengung, wie sie den Deutschen seit dem Wiederaufbau nach dem Zweiten Weltkrieg nicht mehr abverlangt wurde. Die volle Integration der in Deutschland lebenden Ausländer, die Deutsche werden wollen, macht die Abkehr von tiefverwurzelten Traditionen notwendig, bedarf also ebenfalls einer großen Anstrengung. Die Deutschen müssen erneut lernen, eine Nation zu sein, und gleichzeitig ihren Begriff von Nation grundlegend ändern. Sie müssen sich diesen Herausforderungen in einer Zeit stellen, in der zwar die tiefste Rezession der Nachkriegszeit, aber die gleichzeitig sichtbar gewordene Strukturkrise der deutschen Volkswirtschaft noch längst nicht hinter ihnen liegt. Zu Fatalismus oder gar Resignation gibt all das keinen Anlaß. Aber soviel erscheint sicher: Die zweite deutsche Demokratie, die vier Jahrzehnte lang nur eine westdeutsche Demokratie war, hat ihre wirkliche Bewährungsprobe erst noch vor sich.

ANHANG

ANMERKUNGEN

1. Die unwiederholbare Revolution

[1] Karl Marx, Zur Kritik der Hegelschen Rechtsphilosophie. Einleitung, in: Karl Marx/Friedrich Engels, Werke (fortan: MEW), Berlin 1959, 1, 379, 385, 391 (Hervorhebungen im Original). – Im Hinblick auf den Vortragscharakter begnüge ich mich in den Anmerkungen mit dem Nachweis wörtlicher oder paraphrasierter Zitate. Ausführliche Literaturhinweise enthalten zwei meiner früheren Arbeiten zur Revolutions- und Staatstheorie von Marx und Engels: Zum Verhältnis von bürgerlicher und proletarischer Revolution bei Marx und Engels, in: Hans-Ulrich Wehler (Hg.), Sozialgeschichte Heute. Festschrift für Hans Rosenberg zum 70. Geburtstag, Göttingen 1974, S. 326–353, wieder abgedruckt in: Heinrich August Winkler, Revolution, Staat, Faschismus. Zur Revision des Historischen Materialismus, Göttingen 1978, S. 8–34; Primat der Ökonomie. Zur Rolle der Staatsgewalt bei Marx und Engels, ebd., S. 35–64.

[2] MEW 4, 493.
[3] MEW 1, 388 (Hervorhebung im Original), 386.
[4] MEW 4, 61 (Schutzzoll oder Freihandelssystem).
[5] MEW 4, 467.
[6] MEW 8, 225 (Die wirklichen Ursachen der verhältnismäßigen Inaktivität der französischen Proletarier im vergangenen Dezember; Hervorhebung im Original).
[7] MEW 4, 31 (Die preußische Verfassung).
[8] MEW 8, 204 (Der achtzehnte Brumaire des Louis Bonaparte [1852]).
[9] MEW 3, 178 (Deutsche Ideologie [1845/46]); 4, 346 (Die moralisierende Kritik und die kritisierende Moral [1847]).
[10] MEW 17, 338 (Der Bürgerkrieg in Frankreich).
[11] MEW 39, 208.
[12] MEW 25, 452, 454.
[13] MEW 19, 221 f.

[14] MEW 20, 153 (Herrn Eugen Dührings Umwälzung der Wissenschaft [1878]).
[15] Rudolf Stadelmann, Deutschland und die westeuropäischen Revolutionen, in: ders., Deutschland und Westeuropa. Drei Aufsätze, Laupheim 1948, S. 11–34 (28).
[16] Norbert Elias, Über den Prozeß der Zivilisation. Soziogenetische und psychogenetische Untersuchungen, 2 Bde., Frankfurt a. M. 1993/94^{18}, 2. Bd., S. 309.
[17] MEW 6, 109 f. (Karl Marx/Friedrich Engels, Die Bourgeoisie und die Konterrevolution [1848]); 21, 402 (Friedrich Engels, Zum «Bauernkrieg» [1884]).
[18] Rudolf Hilferding, Arbeitsgemeinschaft der Klassen?, in: Der Kampf. Sozialdemokratische Monatsschrift 8 (1915), S. 322.
[19] Max Weber, Wirtschaft und Gesellschaft. Grundriß der verstehenden Soziologie. Studienausgabe, hrsg. v. Johannes Winckelmann, 2 Bde., 1. Halbband, Köln 1956, S. 157 ff.
[20] MEW 36, 54 (Brief v. 27. 8. 1883).
[21] MEW 18, 258 (Zur Wohnungsfrage).
[22] Karl Marx, Grundrisse der Kritik der Politischen Ökonomie [1857/58], Berlin 1953, S. 592 f.
[23] MEW 19, 21.
[24] MEW 25, 397, 401.
[25] MEW 3, 31.
[26] Karl Marx, Die Frühschriften. Hg. v. Siegfried Landshut, Stuttgart 1953, S. 289.
[27] MEW 25, 859.
[28] MEW 18, 62 (Über die Nationalisierung von Grund und Boden [1872]; Hervorhebungen im Original).
[29] MEW 28, 507 f. (Hervorhebung im Original).
[30] MEW 7, 89 (Hervorhebung im Original).
[31] MEW 4, 339 (Die moralisierende Kritik und die kritisierende Moral).
[32] MEW 17, 339, 625.
[33] W. I. Lenin, Staat und Revolution [1917], in: ders., Ausgewählte Werke, 2 Bde., Berlin 1955, 2. Bd., S. 182, 225.
[34] MEW 35, 276 (Brief an Johann Philipp Becker v. 10. 2. 1882).
[35] MEW 36, 305–307 (Hervorhebung im Original).
[36] MEW 16, 77 (Die preußische Militärfrage und die deutsche Arbeiterpartei [1865]).

Anmerkungen 153

³⁷ J. W. Stalin, Zu den Fragen des Leninismus [Januar 1926], in: ders., Werke, Bd. 8, Berlin 1952, S. 19f.
³⁸ MEW 1, 364 (Zur Judenfrage; Hervorhebung im Original).
³⁹ M. Rainer Lepsius, Das Legat zweier Diktaturen für die demokratische Kultur im vereinigten Deutschland, in: Everhard Holtmann u. Heinz Sahner (Hg.), Aufhebung der Bipolarität – Veränderungen im Osten, Rückwirkungen im Westen, Opladen 1995, S. 30.
⁴⁰ Michail Gorbatschow, Schlußwort auf dem Plenum des Zentralkomitees der KPdSU, 28.1.1987, in: ders., Ausgewählte Reden und Aufsätze, Bd. 4: Juli 1986 – April 1987, Berlin 1988, S. 397.

2. Demokratie und Nation in der deutschen Geschichte

¹ Thomas Nipperdey, Deutsche Geschichte 1800–1866. Bürgerwelt und starker Staat, München 1983¹, S. 11.
² Karl Marx, Zur Kritik der Hegelschen Rechtsphilosophie. Einleitung [1844], in: Karl Marx / Friedrich Engels, Werke, Bd. 1, Berlin 1961, S. 378–391 (385).
³ Ernst Moritz Arndt, Über Volkshaß und den Gebrauch einer fremden Sprache, in: Ernst Moritz Arndt's Schriften für und an seine lieben Deutschen. Zum ersten Mal und durch Neues vermehrt, Leipzig 1845, S. 353–373 (376f.).
⁴ Fürst Otto von Bismarck, Die gesammelten Werke, Berlin 1924ff., Bd. 8, S. 459 (Gespräch mit dem Schriftsteller Paul Lindau und dem Bankdirektor Löwenfeld am 8.12.1882).
⁵ Hans-Ulrich Wehler, Deutsche Gesellschaftsgeschichte. 1. Bd.: Vom Feudalismus des Alten Reichs bis zur Defensiven Modernisierung der Reformära 1700–1815, München 1987¹.
⁶ National-Zeitung, 25.7.1866 (Morgenblatt).
⁷ Heinrich August Winkler, Preußischer Liberalismus und deutscher Nationalstaat. Studien zur Geschichte der Deutschen Fortschrittspartei 1861–1866, Tübingen 1964, S. 121.
⁸ Heinrich v. Treitschke, Was fordern wir von Frankreich?, in: Preußische Jahrbücher 26 (1870), S. 367–409 (371).
⁹ National-Zeitung, 21.10.1876.
¹⁰ Ludwig Bamberger, National, in: Nation, 22.9.1888, wieder

abgedruckt in: ders., Politische Schriften, Bd. 5, Berlin 1897, S. 203–237 (217).

[11] Max Weber, Der Nationalstaat und die Volkswirtschaftspolitik, in: ders., Gesammelte politische Schriften, Tübingen 1958², S. 1–25 (23).

[12] Fritz Fischer, Griff nach der Weltmacht. Die Kriegszielpolitik des kaiserlichen Deutschland 1914/1918, Düsseldorf 1964³, S. 527.

[13] Gerhard A. Ritter und Susanne Miller (Hg.), Die deutsche Revolution 1918–1919. Dokumente, Hamburg 1975², S. 208 (Ansprache Eberts zur Eröffnung der Verfassunggebenden Nationalversammlung in Weimar am 6. 2. 1919).

[14] Adolf Hitler, Warum mußte ein 8. November kommen?, in: Deutschlands Erneuerung 8 (1924), S. 199–207 (207).

[15] Fritz René Allemann, Bonn ist nicht Weimar, Köln 1956, S. 274.

[16] Burghard Freudenfeld, Das perfekte Provisorium. Auf der Suche nach einem deutschen Staat, in: Hochland 59 (1967), S. 421–433 (426, 433).

[17] Hans Buchheim, Aktuelle Krisenpunkte des deutschen Nationalbewußtseins, Mainz 1967, S. 31

[18] Waldemar Besson, Die Außenpolitik der Bundesrepublik. Erfahrungen und Maßstäbe, München 1970, S. 459.

[19] Helmut Schmidt, Bundesdeutsches Nationalbewußtsein, in: Hochland 60 (1968), S. 588–562 (562).

[20] Heinrich August Winkler, Nationalismus, Nationalstaat und nationale Frage in Deutschland seit 1945, in: ders. u. Hartmut Kaelble (Hg.), Nationalismus, Nationalitäten und Supranationalität. Europa nach 1945, Stuttgart 1993¹, S. 12–33 (21).

[21] Ebd., S. 22.

[22] Karl Dietrich Bracher, Die deutsche Diktatur. Entstehung, Struktur, Folgen des Nationalsozialismus, Köln 1979⁶, S. 544 (Nachwort zur 5. Aufl.); ders., Politik und Zeitgeist. Tendenzen der siebziger Jahre, in: ders., Wolfgang Jäger, Werner Link, Republik im Wandel 1969–1974. Die Ära Brandt (Geschichte der Bundesrepublik Deutschland, Bd. 5/1), Stuttgart 1986, S. 285–406 (406).

3. Vom Kaiserreich zur Republik

[1] Um den Anmerkungsteil so knapp wie möglich zu halten, verweise ich zum folgenden pauschal auf drei Arbeiten, in denen ich sehr viel ausführlicher, als es hier möglich ist, auf die Revolution von 1918/19 eingehe: Die Sozialdemokratie und die Revolution von 1918/19, Berlin 1980[2]; Von der Revolution zur Stabilisierung. Arbeiter und Arbeiterbewegung in der Weimarer Republik 1918–1924, Berlin 1985[2]; Weimar 1918–1933. Die Geschichte der ersten deutschen Republik, München 1994[2].

[2] Max Weber, Wirtschaft und Gesellschaft. Studienausgabe, hg. v. Johannes Winckelmann, 1. Halbband, Köln 1964, S. 197 (1. Teil, 3. Kap., 13), 27 (1. Teil, 1. Kap., 7; Hervorhebungen jeweils im Original).

[3] Eduard Bernstein, Die deutsche Revolution, ihr Ursprung, ihr Verlauf und ihr Werk. 1. Bd. (nur Band 1 erschienen): Geschichte der Entstehung und ersten Arbeitsperiode der deutschen Republik, Berlin 1921, S. 172 f.

[4] Gerhard A. Ritter u. Susanne Miller (Hg.), Die deutsche Revolution 1918–1919. Dokumente, Hamburg 1975[2], S. 208 f.

[5] Karl Dietrich Erdmann, Die Geschichte der Weimarer Republik als Problem der Wissenschaft, in: Vierteljahrshefte für Zeitgeschichte 3 (1955), S. 1–19 (7).

[6] Arthur Rosenberg, Entstehung und Geschichte der Weimarer Republik. Hg. u. eingeleitet von Kurt Kersten, Frankfurt 1983; Eberhard Kolb, Die Arbeiterräte in der deutschen Innenpolitik 1918–1919, Düsseldorf 1967[1]; Peter von Oertzen, Betriebsräte in der Novemberrevolution, Düsseldorf 1963[1]; Reinhard Rürup, Probleme der Revolution in Deutschland 1918/19, Wiesbaden 1968.

[7] Gerald D. Feldman, Eberhard Kolb, Reinhard Rürup, Die Massenbewegungen der Arbeiterschaft in Deutschland am Ende des Ersten Weltkrieges, in: Politische Vierteljahresschrift 18 (1978), S. 333–439; Wolfgang J. Mommsen, Die deutsche Revolution 1918–1920. Politische Revolution und soziale Protestbewegung, in: Geschichte und Gesellschaft 4 (1978), S. 326–391.

[8] Rainer Zitelmann, Hitler. Selbstverständnis eines Revolutionärs, Stuttgart 1990[3], S. 51 ff.

[9] Carl Schmitt, Gespräch über die Macht und den Zugang zum Machthaber, Pfullingen 1954.

[10] Gerald D. Feldman, The Great Disorder. Politics, Economics, and Society in the German Inflation, 1914–1924, Oxford 1993; Richard Bessel, Germany after the First World War, Oxford 1993.
[11] Weber, Wirtschaft (Anm.. 2), I. Halbband, S. 39 (1.Teil, 1. Kap., 17), S. 197 (1. Teil, 3. Kap., 13).
[12] Norbert Elias, Die Zersetzung des staatlichen Gewaltmonopols in der Weimarer Republik, in: ders., Studien über die Deutschen. Machtkämpfe und Habitusentwicklung im 19. u. 20. Jahrhundert, Frankfurt 1989, S. 282–294; James M. Diehl, Paramilitary Politics in Weimar Germany, Bloomington 1977; Bernd Weisbrod, Gewalt in der Politik. Zur politischen Kultur in Deutschland zwischen den beiden Weltkriegen, in: Geschichte in Wissenschaft und Unterricht 43 (1992), S. 391–405.

4. Von Weimar zu Hitler

[1] Im folgenden Text meiner Antrittsvorlesung an der Humboldt-Universität zu Berlin vom 28. April 1992 fasse ich einige der Ergebnisse meiner dreibändigen Geschichte der Arbeiter und der Arbeiterbewegung in der Weimarer Republik (Berlin/Bonn 1984–1987) und namentlich des dritten Bandes: Der Weg in die Katastrophe. Arbeiter und Arbeiterbewegung in der Weimarer Republik 1930–1933, Bonn 1990², zusammen. Die Anmerkungen beschränken sich daher auf den Nachweis wörtlicher Zitate.
[2] Friedrich Meinecke, Die deutsche Katastrophe. Betrachtungen und Erinnerungen, Wiesbaden 1947³.
[3] Carl Schmitt, Gespräch über die Macht und den Zugang zum Machthaber, Pfullingen 1954.
[4] Rudolf Hilferding, Der Austritt aus der Regierung, in: Die Gesellschaft 7 (1930/I), S. 385–392.
[5] Max Seydewitz, Der Sieg der Verzweiflung, in: Der Klassenkampf 4 (1930), 18 (15.9.), S. 545–550.
[6] Panzerkreuzer-Abgesang, in: Das Freie Wort 3 (1931), 13 (29. 3.).
[7] Schlagt Hitler!, in: Vorwärts, Nr. 97, 27. 2. 1932.
[8] Hermann Weber (Hg.), Der deutsche Kommunismus. Dokumente, Köln 1963, S. 58–65.
[9] Internationale Pressekorrespondenz 11 (1931), 38 (24.4.), S. 946–955.

¹⁰ XII. Plenum des Exekutivkomitees der Kommunistischen Internationale (September 1932). Thesen und Resolutionen, Moskau 1932, S. 6–11.
¹¹ Der Begriff «Elendsproletarier» bei: Friedrich Stampfer, Wieder Bülowplatz, in: Vorwärts, Nr. 43, 26.1.1933.
¹² Protokoll Internationale Konferenz der Sozialistischen Arbeiter-Internationale Paris, Maison de la Mutualité, 21.–25. August 1933, Paris 1933 (Neudruck: Glashütten 1976), S. 108f.
¹³ Internationales Institut für Sozialgeschichte Amsterdam, Nachlaß Karl Kautsky, D XII, 661.
¹⁴ Programmatische Dokumente der deutschen Sozialdemokratie, hg. und eingeleitet von Dieter Dowe und Kurt Klotzbach, Berlin 1984², S. 225–238.
¹⁵ Richard Löwenthal, Bonn und Weimar: Zwei deutsche Demokratien, in: Heinrich August Winkler (Hg.), Politische Weichenstellungen im Nachkriegsdeutschland 1945–1953. Geschichte und Gesellschaft. Sonderheft 5 (1979), S. 9–25 (11).

5. Kurt Schumacher und die nationale Frage

¹ Fritz René Allemann, Bonn ist nicht Weimar, Köln 1956, S. 274.
² Kurt Schumacher, Reden – Schriften – Korrespondenzen 1945–1952. Hg. v. Willy Albrecht, Bonn 1985, S. 254, 259.
³ Konrad Adenauer, Briefe 1945–1947. Bearb. v. Hans Peter Mensing (Rhöndorfer Ausgabe), Berlin 1983, S. 123f. (Gespräch mit ausländischen Pressevertretern am 9.10.1945).
⁴ Schumacher, Reden (Anm. 2), S. 439, 473.
⁵ Ebd., S. 482, 479.
⁶ Ebd., S. 276, 920.
⁷ Ebd., S. 483, 884.
⁸ Ebd., S. 482, 548, 925, 927.
⁹ Ebd., S. 548.
¹⁰ Ebd., S. 639f.
¹¹ Ebd., S. 462.
¹² Ebd., S. 665.
¹³ Ebd., S. 778.
¹⁴ Ebd., S. 865.

¹⁵ Ebd., S. 642.
¹⁶ Ebd., S. 826.
¹⁷ Ebd., S. 841, 944, 777.
¹⁸ Ebd., S. 717.
¹⁹ Ebd., S. 984.
²⁰ Jürgen Habermas, Eine Art Schadensabwicklung, in: «Historikerstreit». Die Dokumentation der Kontroverse um die Einzigartigkeit der nationalsozialistischen Judenvernichtung, München 1987, S. 62–76 (75).
²¹ Karl Dietrich Bracher, Die deutsche Diktatur. Entstehung, Struktur, Folgen des Nationalsozialismus, Köln 1979⁶, S. 544 (Nachwort zur 5. Aufl.)
²² Schumacher, Reden (Anm. 2), S. 943.

6. Kein Bruch mit Lenin

¹ Vgl. exemplarisch hierzu Wolfgang Ruge, Weimar. Republik auf Zeit, Berlin (O) 1982², S. 307 ff.; Geschichte der deutschen Arbeiterbewegung, Bd. 4: Von 1924 bis Januar 1933, Berlin (O) 1966; Heinz Niemann u. a., Geschichte der deutschen Sozialdemokratie 1917–1945, Berlin (O) 1982; Grundriß der Geschichte der deutschen Arbeiterbewegung, Berlin (O) 1963⁴; Stefan Doernberg, Kurze Geschichte der DDR, Berlin (O) 1968³; Rolf Badstübner u. a., Geschichte der Deutschen Demokratischen Republik, Berlin (O) 1981. Die These vom Charakter der Novemberrevolution in: Die Novemberrevolution 1918 in Deutschland. Thesen anläßlich des 40. Jahrestages der deutschen Novemberrevolution 1918. Zeitschrift für Geschichtswissenschaft 8 (1958), Sonderheft, S. 1–28; ferner: 70 Jahre Kampf für Sozialismus und Frieden, für das Wohl des Volkes. Thesen des Zentralkomitees der SED zum 70. Jahrestag der Gründung der Kommunistischen Partei Deutschlands. Beschluß der 6. Tagung des Zentralkomitees der Sozialistischen Einheitspartei Deutschlands, 9./10. Juni 1988, in: Einheit 43 (1988), S. 568–629. Zur Faschismusformel der Komintern u. a.: Theo Pirker (Hg.), Komintern und Faschismus 1920–1940. Dokumente zur Geschichte und Theorie des Faschismus, Stuttgart 1965, bes. S. 187. Für Hilfe bei der Beschaffung von Quellenmaterial für diesen Aufsatz danke ich Ilko-Sascha Kowalczuk.

Anmerkungen 159

² Anette Simon, Ich und Sie. Versuch, mir und Anderen meine ostdeutsche Moral zu erklären, in: Kursbuch, Heft 111, Berlin 1993, S. 25–34.
³ Pirker, Komintern (Anm. 1), S. 62 ff.; Heinrich August Winkler, Der Schein der Normalität. Arbeiter und Arbeiterbewegung in der Weimarer Republik 1924–1930, Berlin 1988², S. 66 ff. (mit weiterer Literatur).
⁴ Geschichte, (Anm. 2) Bd. 4, S. 300 ff.; Ruge, Weimar (Anm. 2), S. 250 ff.; ders., Das Ende von Weimar. Monopolkapital und Hitler, Berlin (O) 1983.
⁵ Programm der Partei des Demokratischen Sozialismus, Berlin 1993, S. 4, 9.
⁶ Karl Marx, Zur Kritik der Hegelschen Rechtsphilosophie. Einleitung (1843/44), in: ders., Die Frühschriften. Hg. v. Siegfried Landshut, Stuttgart 1953, S. 216.
⁷ Klaus Kinner, Das Jahr 1928 – die verlorene Alternative zu Stalin, in: Neues Deutschland (fortan ND), 17./18.7.1993; ders., Die eigentliche Bedrohung?, ebd., 31.12.1993. Zur Wittorf-Affäre: Hermann Weber, Die Wandlung des deutschen Kommunismus. Die Stalinisierung der KPD in der Weimarer Republik, 2 Bde., Frankfurt 1969, Bd. 1, S. 199 ff.; Ossip K. Flechtheim, Die KPD in der Weimarer Republik, Frankfurt 1973³, S. 251 ff.
⁸ Heinz Karl, «Alles andere ist mehr oder weniger Reaktion», in: ND, 13./14.8.1994.
⁹ Ders., Die KPD – Wirkungen und Grenzen, in: 75 Jahre deutsche Novemberrevolution, Bonn 1994, S. 75–97 (82).
¹⁰ Eberhard Czichon, Glorifiziert und verdammt: Tragik eines Kommunisten, in: ND, 20./21.4.1991.
¹¹ Kurt Finker, Mit dem Stimmzettel gegen die Nazidiktatur, in: ND, 23./24.1.1993. Zur Politik von SPD und KPD in der Endphase der Weimarer Republik zusammenfassend Heinrich August Winkler, Der Weg in die Katastrophe. Arbeiter und Arbeiterbewegung in der Weimarer Republik 1930–1933, Bonn 1990².
¹² Exemplarisch: Kurt Gossweiler, Deutscher Rechtsextremismus seit der Novemberrevolution und seine Bekämpfung durch die Arbeiterbewegung und andere demokratische Kräfte, in: 75 Jahre (Anm. 9), S. 40–74; Jakob Moneta, «An der verratenen Revolution von 1918 krankt Deutschland noch heute» (Sebastian Haffner), ebd., S. 236–256; Dieter Kraft, Sage mir, was du weg läßt, und

ich sage dir, für wen du schreibst, in: ND, 5./6.11.1994. Sebastian Haffners Darstellung der Revolution von 1918/19 erschien 1969 in Bern in der 1. Aufl. unter dem Titel «Die verratene Revolution 1918/19», 1979 in München in 2. Aufl. unter dem Titel «Die deutsche Revolution 1918/19. Wie war es wirklich?», 1993 in Berlin in 3. Aufl. unter dem Titel «Der Verrat. 1918/1919 – als Deutschland wurde, wie es ist».

[13] Klärungen von der SPD verlangt, in: Frankfurter Rundschau, 29.10.1994; Gysi plädiert für Dialog über die Vergangenheit, ebd. Die Forderungen der SPD von Mecklenburg-Vorpommern in: SPD erwartet von der PDS eine Entschuldigung, in: Süddeutsche Zeitung, 28.10.1994.

[14] Erklärung der Historischen Kommission der PDS zur Geschichtsdiskussion in der PDS, in: ND, 26.1.1993.

[15] Die neueste, durchaus SPD-kritische Darstellung der sozialdemokratischen Politik zu Beginn des Ersten Weltkrieges: Wolfgang Kruse, Krieg und nationale Integration. Eine Neuinterpretation des sozialdemokratischen Burgfriedensschlusses 1914/15, Essen 1993.

[16] Peter Nettl, Rosa Luxemburg, Köln 1967, S. 731. Zur Ermordung von Rosa Luxemburg verbreitet das Neue Deutschland neuerdings (Debatte über einen Doppelmord und die SPD. Räuberpistolen?, 16.1.1995), die Version, Noske habe das Mordkomplott gegen Liebknecht und Luxemburg «eingefädelt». Das ND zitiert in diesem Sinn den Regisseur und Drehbuchautor Klaus Gietinger. Gietinger beruft sich seinerseits (Nachtrag zu den Nachträgen, in: Internationale Wissenschaftliche Korrespondenz zur Geschichte der deutschen Arbeiterbewegung 28 [1992], Heft 4, S. 478a) auf einen Brief, den er im Januar 1993 von dem Rechtsanwalt und ehemaligen Marinerichter Otto Kranzbühler erhielt. Darin behauptet Kranzbühler, daß der ehemalige Major Waldemar Pabst, der Auftraggeber der Morde an Liebknecht und Luxemburg, ihm im Dezember 1968 (sic!) von einem Telefongespräch mit dem Volksbeauftragten Noske am 15. Januar 1919 berichtet habe. Noske habe ihn «zunächst aufgefordert, die Genehmigung des Generals von Lüttwitz zur Erschießung der beiden Gefangenen einzuholen, und nach der Einwendung Pabsts, die werde er nie bekommen, mit den Worten reagiert, dann müsse er selbst verantworten, was zu tun sei». Gietinger fügt hinzu, die von Pabst unterstellte Duldung seiner Mordbefehle durch Noske sei «letztendlich nicht mehr beweis-

bar». Ausführlicher dazu jetzt ders., Eine Leiche im Landwehrkanal. Die Ermordung der Rosa L., Berlin 1995, S. 107ff., wo sich der Autor ohne jeden quellenkritischen Vorbehalt auf Kranzbühler und Pabst stützt.

[17] Zusammenfassend zum Vorstehenden: Heinrich August Winkler, Von der Revolution zur Stabilisierung. Arbeiter und Arbeiterbewegung in der Weimarer Republik 1918–1924, Berlin 1985², S. 113, 124ff., 309ff. (zu Noske); ders., Schein (Anm. 3), S. 671ff. (zum «Blutmai»). Zu Noske weiter: Wolfram Wette, Gustav Noske. Eine politische Biographie, Düsseldorf 1987; zum «Blutmai»: Thomas Kurz, «Blutmai». Sozialdemokraten und Kommunisten im Brennpunkt der Berliner Ereignisse von 1929, Berlin 1988.

[18] Winkler, Schein (Anm. 3), S. 240ff.; ders., Weg (Anm. 11), S. 511ff.

[19] Zur Debatte über die unzureichende Nutzung des Handlungsspielraums der mehrheitssozialdemokratischen Volksbeauftragten 1918/19 (u.a. auf den Gebieten Demokratisierung der zivilen Verwaltung, Schaffung eines republikloyalen Militärwesens, öffentliche Kontrolle von privater Wirtschaftsmacht) zusammenfassend Eberhard Kolb, Die Weimarer Republik, Berlin 1993³, S. 157f.; Winkler, Von der Revolution (Anm. 17), S. 19ff.; ders., Die Revolution von 1918/19 und das Problem der Kontinuität in der deutschen Geschichte, in: Historische Zeitschrift 250 (1990), S. 303 bis 319.

[20] Verhandlungen des Reichstags. Stenographische Berichte, Bd. 423, S. 67f.

[21] XII. Plenum des Exekutivkomitees der Kommunistischen Internationale (September 1932). Thesen und Resolutionen, Moskau 1932, S. 6–11.

[22] André Brie, Die PDS und die Aufarbeitung deutscher Geschichte, in: ND, 7./8.3.1992.

[23] Ansätze zu einer kritischen Bewertung Lenins und der Oktoberrevolution finden sich bei Wolfgang Ruge, Stalinismus. Eine Sackgasse im Labyrinth der Geschichte, Berlin 1991. Zur Stalinismus-Debatte in der PDS weiter: Der Stalinismus in der KPD und SED – Wurzeln, Wirkungen, Folgen. Materialien der Konferenz der Historischen Kommission beim Parteivorstand der PDS am 17./18. November 1990, Berlin 1992; Wolfgang Gehrcke (Hg.), Stalinismus. Analyse und Kritik. Beiträge zu einer Debatte, Bonn

1994. Aus der Sicht ehemaliger Mitarbeiter des Ministeriums für Staatssicherheit: Bernd Kaufmann, Eckhard Reisener, Dieter Schwips, Henri Walther, Der Nachrichtendienst der KPD 1919–1937, Berlin 1993.

[24] Ausführlicher mit Zitatbelegen dazu Heinrich August Winkler, Zum Verhältnis von bürgerlicher und proletarischer Revolution bei Marx und Engels, in: ders., Revolution, Staat, Faschismus. Zur Revision des Historischen Materialismus, Göttingen 1978, S. 8–34 (bes. 21 ff.).

7. Abschied von den Sonderwegen

[1] Karl Dietrich Bracher, Die deutsche Diktatur. Entstehung, Struktur, Folgen des Nationalsozialismus, Köln 1979⁶, S. 544; ders., Politik und Zeitgeist. Tendenzen der siebziger Jahre, in: ders. u. a., Republik im Wandel 1969–1974. Die Ära Brandt (= Geschichte der Bundesrepublik Deutschland, Bd. V/1), Stuttgart 1986, S. 285–406 (405). Das Hegel-Zitat in: Georg Wilhelm Friedrich Hegel, Grundlinien der Philosophie des Rechts. Sämtliche Werke. Neue kritische Ausgabe, Bd. XII, Hamburg 1955, S. 17.

[2] Jens Hacker, Deutsche Irrtümer. Schönfärber und Helfershelfer der SED-Diktatur im Westen, Berlin 1992.

[3] Frankfurter Allgemeine Zeitung, 3. 7. 1989.

[4] Egon Bahr, Was wird aus den Deutschen? Fragen und Antworten, Reinbek 1982, S. 23.

[5] Karl Lamers, Zivilisationskritik, deutsche Identitätssuche und die Deutschlandpolitik, in: ders. (Hg.), Suche nach Deutschland. Nationale Identität und die Deutschlandpolitik, Bonn 1983, S. 21–59 (45).

[6] Peter Bender, Das Ende des ideologischen Zeitalters. Die Europäisierung Europas, Berlin 1981, S. 229.

[7] Heinrich August Winkler, Auf ewig in Hitlers Schatten? Zum Streit über das Geschichtsbild der Deutschen, in: «Historikerstreit». Die Dokumentation der Kontroverse um die Einzigartigkeit der nationalsozialistischen Judenvernichtung, München 1987, S. 256–263 (263).

[8] Heinrich August Winkler, Bismarcks Schatten. Ursachen und Folgen der deutschen Katastrophe, in: Die Neue Gesellschaft/Frankfurter Hefte 35 (1988), Nr. 2 (Februar), S. 111–121 (121).

⁹ Silke Jansen, Zwei deutsche Staaten – zwei deutsche Nationen? Meinungsbilder zur deutschen Frage im Zeitablauf, in: Deutschland Archiv 22 (1989), S. 1132–1143 (1139).
¹⁰ Deutscher Nationalcharakter (Xenien), in: Johann Wolfgang von Goethe, Werke, Berliner Ausgabe, Bd. 2: Poetische Werke, Gedichte und Singspiele, II, Berlin 1966, S. 441. – Zu Grass: Günter Grass, Kurze Rede eines Vaterlandslosen Gesellen, in: Tutzinger Blätter. Informationen aus der Evangelischen Akademie Tutzing, Heft 2, 1990, S. 37–39.
¹¹ Friedrich Meinecke, Weltbürgertum und Nationalstaat (1. Aufl. München 1906), Werke, Bd. V, München 1962.
¹² Deutscher Liberalismus im Zeitalter Bismarcks. Eine politische Briefsammlung. Bd. 1: Die Sturmjahre der preußisch-deutschen Einigung 1859–1870. Politische Briefe aus dem Nachlaß liberaler Parteiführer. Ausgewählt und bearbeitet von Julius Heyerdoff, Neudruck Osnabrück 1967, S. 494.
¹³ Elisabeth Noelle-Neumann, Wird sich jetzt fremd, was zusammengehört?, in: Frankfurter Allgemeine Zeitung, 19.5.1993.
¹⁴ Friedrich Nietzsche, Die fröhliche Wissenschaft, 5. Buch, in: ders., Werke in drei Bänden, hg. v. Karl Schlechta, Bd. 2, München 1977⁸, S. 226f.
¹⁵ Robert Musil, Der Mann ohne Eigenschaften (Gesammelte Werke in Einzelausgaben, hg. von Adolf Frisé), Hamburg 1952, S. 1122f.
¹⁶ Programm der Partei des Demokratischen Sozialismus, Berlin 1993, S. 16.
¹⁷ Dolf Sternberger, Verfassungspatriotismus (Leitartikel in der Frankfurter Allgemeinen Zeitung vom 23.5.1979), in: ders., Verfassungspatriotismus (Schriften, Bd. 10), Frankfurt 1990, S. 13–16; ders., Verfassungspatriotismus. Rede bei der 25-Jahr-Feier der «Akademie für Politische Bildung» (1982), ebd., S. 17–31; Jürgen Habermas, Eine Art Schadensabwicklung, in: «Historikerstreit» (Anm. 7), S. 62–76 (75).
¹⁸ Hermann Heimpel, Entwurf einer deutschen Geschichte, in: ders., Der Mensch in seiner Gegenwart. Acht historische Essays, Göttingen 1957², S. 162–195 (173).
¹⁹ Habermas, Eine Art Schadensabwicklung, in: «Historikerstreit» (Anm. 7), S. 62–76 (75).

DRUCKNACHWEISE

¹ DIE UNWIEDERHOLBARE REVOLUTION. Über einen Fehlschluß von Marx und seine Folgen. Eröffnungsvortrag im Rahmen der Ringvorlesung «Der Marxismus – Versuch einer Bilanz». Humboldt-Universität zu Berlin, 16. April 1996 (bisher unveröffentlicht).
² DEMOKRATIE UND NATION IN DER DEUTSCHEN GESCHICHTE. Festvortrag auf der Jahrestagung der Fraunhofer Gesellschaft, Potsdam, 27. Oktober 1994, in: Fraunhofer Gesellschaft. Reden und Ansprachen, Jahrestagung 1994: Wirtschaft und Wissenschaft – Partner für den Aufbau Ost, München 1994, S. 31–57 (für den Neudruck überarbeitet).
³ VOM KAISERREICH ZUR REPUBLIK. Der historische Ort der Revolution von 1918/19. Deutscher Text eines Vortrags im Rahmen einer Vorlesungsreihe «Problems of Revolution in Modern German History» am St. Antony's College, Oxford, 16. Februar 1996 (bisher unveröffentlicht). Die englische Vortragsfassung erscheint unter dem Titel «Revolution by Consensus? 1918/19» in einem von Reinhard Rürup herausgegebenen Sammelband.
⁴ VON WEIMAR ZU HITLER. Die gespaltene Arbeiterbewegung und das Scheitern der ersten deutschen Demokratie. Antrittsvorlesung an der Humboldt-Universität zu Berlin vom 28. April 1992. Erschienen als Heft 3 der Reihe «Öffentliche Vorlesungen» der Humboldt-Universität zu Berlin, 1992.
⁵ KURT SCHUMACHER UND DIE NATIONALE FRAGE. Vortrag vom 30. Oktober 1995 auf dem Wissenschaftlichen Symposium aus Anlaß des 100. Geburtstages von Kurt Schumacher in Bonn, veranstaltet von der Stiftung Haus der Geschichte der Bundesrepublik Deutschland in Zusammenarbeit mit der Friedrich-Ebert-Stiftung. Gedruckt in: Nachdenken. Kurt Schumacher und seine Politik, Berlin 1996, S. 41–52.
⁶ KEIN BRUCH MIT LENIN: Die Weimarer Republik aus der Sicht von SED und PDS. Gedruckt in: Rainer Eckert u. Bernd Faulen-

bach (Hg.), Halbherziger Revisionismus. Zum postkommunistischen Geschichtsbild, Olzog-Verlag, München 1996, S. 11–24.

[7] ABSCHIED VON DEN SONDERWEGEN. Die Deutschen vor und nach der Wiedervereinigung. Überarbeitete Fassung eines auf englisch unter dem Titel «Rebuilding of a Nation: The Germans Before and After Unification», in: Daedalus, Journal of the American Academy of Arts and Sciences, Winter 1994: Germany in Transition, S. 107–128, und in aktualisierter Form in: Michael Mertes, Steven Muller, Heinrich August Winkler (eds.), In Search of Germany, New Brunswick 1996. S. 59–78, veröffentlichten Beitrages.

PERSONENREGISTER

Allemann, Fritz René (1910–1996) 45, 93
Adenauer, Konrad (1876–1967) 46, 93 ff., 98, 101, 103–106, 125, 131
Arndt, Ernst Moritz (1769–1860) 33

Bahr, Egon (geb. 1922) 127
Bamberger, Ludwig (1823–1899) 36, 39
Baumgarten, Hermann (1825–1893) 132
Bebel, August (1840–1913) 36
Bender, Peter (geb. 1923) 128
Bernstein, Eduard (1850–1932) 20, 54
Besson, Waldemar (1929–1971) 47, 126
Bismarck, Otto von (1815–1898) 14 f., 20 f., 31, 35, 38 ff., 44, 55, 91, 93, 95, 124, 127, 129, 145
Bracher, Karl Dietrich (geb. 1927) 49 f., 106, 123
Brandt, Willy (1912–1992) 46 f., 126, 128, 138
Braun, Otto (1872–1955) 67, 73, 76, 78, 82, 114
Breschnew, Leonid I. (1906–1982) 49

Brie, André (geb. 1950) 120
Brüning, Heinrich (1885–1970) 74–78, 82, 91, 114
Bucharin, Nikolai I. (1888–1938) 79
Buchheim, Hans (geb. 1922) 47, 126

Czichon, Eberhard 113

Ebert, Friedrich (1871–1925) 42 f., 57, 59, 60 f., 115
Elias, Norbert (1897–1990) 18
Engels, Friedrich (1820–1895) 9, 11–21, 23, 26 ff., 30, 121
Erdmann, Karl Dietrich (1910–1990) 57
Ewert, Arthur (1890–1959) 119

Finker, Kurt 113 f., 116
Friedrich II. (1712–1786) 17 f., 35
Friedrich Wilhelm IV. (1795–1861) 34
Freudenfeld, Burghard (geb. 1918) 46, 126

Genscher, Hans-Dietrich (geb. 1927) 132
Goethe, Johann Wolfgang von (1749– 1832) 131

Gorbatschow, Michail S. (geb. 1930) 29, 130, 132, 134
Grass, Günter (geb. 1927) 131
Grzesinski, Albert (1879–1947) 81
Gysi, Gregor (geb. 1948) 115

Habermas, Jürgen (geb. 1929) 105, 142, 144
Haffner, Sebastian (geb. 1907) 115
Hardenberg, Karl August von (1750–1822) 35
Hegel, Georg Wilhelm Friedrich (1770–1831) 10f., 111, 123, 139
Heilmann, Ernst (1881–1940) 77
Heimpel, Hermann (1901–1988) 143
Hilferding, Rudolf (1877–1941) 19, 73f., 89
Hindenburg, Paul von (1847–1934) 67f., 73, 75, 78, 113f., 116f.
Hitler, Adolf (1889–1945) 43, 63, 71, 75f., 78, 82, 86f., 90f., 113, 117, 120, 145
Honecker, Erich (1912–1994) 130

Joseph II. (1741–1790) 17

Kapp, Wolfgang (1858–1922) 52, 65ff., 79, 89
Karl, Heinz 112
Kautsky, Karl (1858–1938) 89
Kinner, Klaus 112

Kohl, Helmut (geb. 1930) 128, 132, 138
Kolb, Eberhard (geb. 1933) 58

Lafontaine, Oskar (geb. 1943) 138
Legien, Carl (1861–1920)
Lenin, Wladimir Iljitsch (1870–1924) 26, 28, 60, 103, 107, 112, 118, 121
Lepsius, M. Rainer (geb. 1928) 29
Liebknecht, Karl (1871–1919) 60, 115f., 118
Liebknecht, Wilhelm (1826–1900) 36
Löwenthal, Richard (1908–1991) 90
Louis Napoleon (Napoleon III.) (1808–1873) 13f., 20f.
Lüttwitz, Walther Freiherr von (1859–1942) 52, 65ff., 79, 89
Luther, Martin (1483–1546) 10, 139
Luxemburg, Rosa (1870–1919) 115f., 118

Manuilski, Dmitri S. (1883–1959) 81
Marx, Karl (1818–1883) 9–32, 71, 111, 119, 121
Marx, Wilhelm (1863–1946) 117
Max von Baden (1867–1929) 56
Meinecke, Friedrich (1862–1954) 71, 132
Müller, Hermann (1876–1931), 72–75, 77, 80, 88

Musil, Robert (1880–1942) 140
Mussolini, Benito (1883–1945) 67

Napoleon I. Bonaparte (1769–1821) 31 f.
Neumann, Heinz (1902–1937?) 111
Nietzsche, Friedrich (1844–1900) 139
Nipperdey, Thomas (1927–1992) 31
Noske, Gustav (1868–1946) 61, 115 f.

Oertzen, Peter von (geb. 1924) 58
Ollenhauer, Erich (1901–1963) 46, 93, 105

Papen, Franz von (1879–1969) 78, 82 f., 87, 113

Rathenau, Walther (1867–1922) 119
Rosenberg, Hans (1904–1988) 58
Rürup, Reinhard (geb. 1934) 58
Ruge, Wolfgang 111

Scheel, Walter (geb. 1919) 47
Scheidemann, Philipp (1865–1939) 43, 55, 115
Schewardnadse, Eduard (geb. 1928) 134
Schiller, Friedrich von (1759–1805) 131
Schleicher, Kurt von (1882–1934) 91

Schmidt, Helmut (geb. 1918) 47, 127 f.
Schmitt, Carl (1888–1985) 73
Schumacher, Kurt (1895–1952) 46, 93–106
Sender, Toni (1888–1964) 97 f.
Severing, Carl (1875–1952) 73, 76
Seydewitz, Max (1892–1987) 76 f.
Shaw, George Bernard (1856–1950) 85
Simon, Annette 110
Stadelmann, Rudolf (1902–1949) 17
Stein, Heinrich Friedrich Karl vom und zum (1757–1831) 35
Sternberger, Dolf (1907–1989) 142
Stinnes, Hugo (1870–1924) 63
Stresemann, Gustav (1878–1929) 66
Sybel, Heinrich von (1817–1895) 132

Thälmann, Ernst (1886–1944) 112 f., 117
Treitschke, Heinrich von (1834–1896) 37

Ulbricht, Walter (1893–1973) 48, 116

Waigel, Theo (geb. 1939) 127
Weber, Max (1864–1920) 20, 40, 52 ff., 58, 68
Wehler, Hans-Ulrich (geb. 1931) 35

Wehner, Herbert (1906–1990) 104
Wels, Otto (1873–1939) 87
Weydemeyer, Joseph (1818–1866) 25
Wilhelm I. (1797–1888) 38
Wilhelm II. (1859–1941) 53

Wittorf, John (1894-?) 112
Young, Owen D. (1874–1962) 73

Zörgiebel, Karl Friedrich (1878–1961) 80f., 116

ANZEIGEN

HEINRICH AUGUST WINKLER BEI C. H. BECK

Heinrich August Winkler
Weimar 1918–1933
Die Geschichte der ersten deutschen Demokratie
2., durchgesehene Auflage. 1994. 709 Seiten. Leinen

«Sein Buch ist … die bislang gelungenste Darstellung zur Geschichte der Weimarer Republik. Es stellt nicht nur eine vorzügliche Synthese der neueren Forschung dar, sondern enthält auch eine Fülle scharfsinniger, provozierender Urteile, die vielerlei Anregungen bieten für die aktuelle Debatte um das Weimar-Syndrom.»
Das Parlament

«… liegt nun eine die umfangreiche Forschung der vergangenen Jahrzehnte umfassend verarbeitende rein historische Darstellung vor, über die man kaum hinausgelangen kann, es sei denn, man untersucht diese Geschichte unter anderem Blickwinkel …»
Süddeutsche Zeitung

Heinrich August Winkler / Alexander Cammann (Hrsg.)
Weimar
Ein Lesebuch zur deutschen Geschichte 1918–1933
2. Auflage. 1997. 269 Seiten mit 5 Abbildungen. Paperback
Beck'sche Reihe Band 4012

Wolfgang Hardtwig / Heinrich August Winkler (Hrsg.)
Deutsche Entfremdung
Zum Befinden in Ost und West
1993. 164 Seiten. Paperback
Beck'sche Reihe Band 1032

Johannes Willms (Hrsg.)
Der 9. November
Fünf Essays zur deutschen Geschichte. Von Peter Bender, Wolfgang Benz, Hans Mommsen, Fritz Stern und Heinrich August Winkler
2., unveränderte Auflage. 1995. 98 Seiten. Paperback
Beck'sche Reihe Band 1057

VERLAG C. H. BECK MÜNCHEN

BÜCHER ZUR DEUTSCHEN GESCHICHTE

Gordon Alexander Craig
Deutsche Geschichte 1866–1945
Vom Norddeutschen Bund bis zum Ende des Dritten Reiches
Aus dem Englischen von Karl Heinz Siber
77. Tausend. 1993. 806 Seiten. Leinen
Beck's Historische Bibliothek

Thomas Nipperdey
Nachdenken über die deutsche Geschichte
Essays
2. Auflage. 1986. 236 Seiten. Leinen

Fritz Stern
Verspielte Größe
Essays zur deutschen Geschichte des 20. Jahrhunderts
1996. 317 Seiten. Leinen
«Wieder einmal bleibt nach der Lektüre die Bewunderung für die angelsächsische Geschichtsschreibung zurück. Ein Autor schreibt auch für Leser, die nicht zum kleinen Zirkel der eigenen Zunft zählen.»
DIE ZEIT

Hans-Ulrich Wehler
Die Gegenwart als Geschichte
Essays
1995. 304 Seiten. Broschiert

Hagen Schulze
Staat und Nation in der europäischen Geschichte
2., durchgesehene Auflage. 1995. 376 Seiten. Leinen
Europa bauen

VERLAG C. H. BECK MÜNCHEN